David Alderton & Derek Hall

Ü7
Wenn Hunde älter werden

Kynos Verlag

Die englischsprachige Originalausgabe ist 2011 unter dem Titel »Living With an Older Dog« bei Veloce Publishing Limited, Dorchester, England, erschienen.
© 2011 David Alderton, Derek Hall und Veloce Publishing

Übersetzt aus dem Englischen von Annika Mohr

© 2012 KYNOS VERLAG Dr. Dieter Fleig GmbH
Konrad-Zuse-Straße 3 • D-54552 Nerdlen/Daun
Telefon: +49 (0) 6592 957389-0
Telefax: +49 (0) 6592 957389-20
www.kynos-verlag.de

Umschlagsgestaltung: Kynos Verlag Dr. Fleig GmbH unter Verwendung zweier Fotos von www.fotolia.de
Grafiken: Kynos Verlag Dr. Dieter Fleig GmbH

Gedruckt in Lettland

ISBN 978-3-942335-84-3

Mit dem Kauf dieses Buches unterstützen Sie die
Kynos Stiftung Hunde helfen Menschen
www.kynos-stiftung.de

Das Werk einschließlich aller seiner Teile ist urheberrechtlich geschützt. Jede Verwertung außerhalb der engen Grenzen des Urheberrechtsgesetzes ist ohne schriftliche Zustimmung des Verlages unzulässig und strafbar. Das gilt insbesondere für Vervielfältigungen, Übersetzungen, Mikroverfilmungen und die Einspeicherung und Verarbeitung in elektronischen Systemen.

Haftungsausschluss
Die Benutzung dieses Buches und die Umsetzung der darin enthaltenen Informationen erfolgt ausdrücklich auf eigenes Risiko. Der Verlag und auch der Autor können für etwaige Unfälle und Schäden jeder Art, die sich bei der Umsetzung von im Buch beschriebenen Vorgehensweisen ergeben, aus keinem Rechtsgrund eine Haftung übernehmen. Rechts- und Schadenersatzansprüche sind ausgeschlossen. Das Werk inklusive aller Inhalte wurde unter größter Sorgfalt erarbeitet. Dennoch können Druckfehler und Falschinformationen nicht vollständig ausgeschlossen werden. Der Verlag und auch der Autor übernehmen keine Haftung für die Aktualität, Richtigkeit und Vollständigkeit der Inhalte des Buches, ebenso nicht für Druckfehler. Es kann keine juristische Verantwortung sowie Haftung in irgendeiner Form für fehlerhafte Angaben und daraus entstandenen Folgen vom Verlag bzw. Autor übernommen werden. Für die Inhalte von den in diesem Buch abgedruckten Internetseiten sind ausschließlich die Betreiber der jeweiligen Internetseiten verantwortlich.

Inhaltsverzeichnis

Einleitung	4
Körperliche Veränderungen und Verhaltensänderungen	16
Allgemeine Pflege	34
Ernährung des älteren Hundes	62
Tierärztliche Betreuung	72
Krankheiten und der ältere Hund	78
Spezielle Pflege	95
Zeit zum Abschied	110
Glossar	116
Index	121

Einleitung

Eine genaue Definition des Begriffs »älterer Hund« ist manchmal sehr schwierig. Schließlich ist ein zweijähriger Hund älter als ein einjähriger Hund, aber in diesem Fall würde man von beiden in der Hundefachsprache als eindeutig jung sprechen. Außerdem müssen wir berücksichtigen, dass manche Hunderassen langlebiger sind als andere. Daher kann die Anzahl der Jahre, ab der ein Hund als älterer oder alter Hund bezeichnet wird, innerhalb der verschiedenen Rassen variieren. Bei manchen großen Hunderassen, wie der Deutschen Dogge, dem Irischen Wolfshund und dem Bernhardiner treten bereits mit fünf oder sechs Jahren Alterserscheinungen auf. Im Gegensatz dazu ist ein sechs Jahre alter Chihuahua – eine Rasse, die bis zu sechzehn Jahren oder länger leben kann – in diesem Alter mehr oder weniger noch im Wachstumsalter. Je länger ein Hund also lebt, desto später beginnen die Auswirkungen des Alterungsprozesses. Trotzdem liegt das Durchschnittsalter eines älteren Hundes ungefähr bei

Je nach den Ausgangsrassen können auch Mischlinge einen starken Jagdtrieb haben. Dieser Mix aus Greyhound und Collie hier ist aber ein angenehmer Familienhund geworden.

sieben bis acht Jahren. Eine genaue Festlegung der Lebenserwartung und damit einhergehend auch der ungefähren Zeit, wann dieses Alter beginnt, ist natürlich bei Mischlingen weitaus schwieriger.

Ihr Erbe ist nicht nur gemischt, sondern manchmal gar nicht erst bekannt – obwohl viele Experten die durchschnittliche Lebenserwartung eines typischen Mischlings auf ungefähr dreizehn Jahre schätzen.

Dann müssen wir auch noch unsere eigene menschliche Wahrnehmung des Hundealters in Betracht ziehen. Wenn wir einen Hund schon als stürmischen und frechen Welpen besessen haben, schätzen wir ihn häufig auch dann noch als sehr jung ein, wenn er schon ein beachtliches Alter erreicht hat. Wenn er noch immer tatkräftig ist, das Spielen liebt, gepflegt aussieht und all die liebenswerten Dinge tut, die jedem Hund seinen individuellen Charakter verleihen, scheint sich nichts verändert zu haben. Und trotzdem werden irgendwann selbst bei den fittesten, schlanksten und am jüngsten aussehenden Hunden die Zeichen des Alterns offenkundig. Es treten sichtbare körperliche Veränderungen auf, wie das Ergrauen des Fells, ganz besonders am

Der Bernhardiner ist eine weitere große Rasse mit einer kurzen Lebensspanne – ungefähr zehn Jahre. Er kann für Hautprobleme, Tumore und Hüftdysplasie anfällig sein.

Der Chihuahua kann, wie viele kleine Hunderassen, sechzehn Jahre oder älter werden. Chihuahuas sind aktive Hunde, die tägliche Bewegung brauchen, um ihr gesamtes Leben lang fit und gesund zu bleiben.

Kopf oder eine Trübung der Augen, aber auch einige Verhaltensänderungen, wie zum Beispiel länger schlafen zu wollen, weniger zu laufen und womöglich mehr zu trinken.

Solange er gesund ist, wird ein älterer Hund es immer genießen, mit seinem Besitzer zu spielen – auch wenn er schon ein fortgeschrittenes Alter erreicht hat.

Ein neuer Lebensabschnitt

Dies sind aber selten Anzeichen dafür, dass wir uns unnötige Sorgen machen müssen. Wenn ein Hund alles in allem bis zu, sagen wir, dreizehn, vierzehn Jahren oder länger lebt und wenn das »Senior«-Alter mit ungefähr sieben Jahren beginnt, ist Ihr Hund gerade mal in der Hälfte seiner Lebenszeit. Stattdessen sollten wir dieses Erwachsenenwerden als ein Grund zum Feiern und einfach als einen neuen Abschnitt in seinem Leben betrachten. Wir können unseren Begleiter als einen weisen und vertrauten Freund anstatt als einen wilden Heranwachsenden betrachten und uns mit ihm zusammen auf unsere goldenen Jahre freuen. Falls möglich, wird die Bindung zwischen Hund und Mensch in dieser Zeit noch stärker und gibt uns die Chance, noch besser zu erkennen und schätzen zu lernen, welchen Beitrag er zu unserem Leben leistet. Ihr treuer Freund wird sich nach und nach selbst an das Älterwerden anpassen, und wir sollten es ihm gleich tun.

Wenn wir verstehen, was in diesem Lebensabschnitt unseres Hundes geschieht, können wir seinen Alltag aufwerten, seine Gesundheit verbessern und ihn zu einem sogar noch höher geschätzten Familienmitglied machen. Falls er nun seltener spielen möchte, müssen Sie seinen Wunsch respektieren und ihn nicht, nur weil er sonst immer gespielt hat, dazu motivieren versuchen. Machen Sie die Spielzeit stattdessen zu einem kürzeren, aber intensiven Erlebnis für alle Beteiligten.

Wir können zudem in den frühen Jahren unseres Hundes sehr viel dazu beitragen, den Folgen des Alterungsprozesses entgegenzuwirken. In dieser Hinsicht sind Hunde wie wir Menschen: Ein Hund, der sowohl körperlich als auch geistig gut ausgelastet ist und regelmäßigen Kontakt zu Menschen und anderen Tieren hat, zeigt wesentlich langsamer Anzeichen eines Alterungsprozesses. Seine Ernährung in früheren Jahren trägt ebenso einen wichtigen Teil dazu bei, um zu bestimmen, wie und wann sich die Anzeichen eines Alterungsprozesses zeigen. Ein übergewichtiger Hund lässt sich weniger zu aktiven Übungen hinreißen. Dies wiederum bedeutet, dass er früher zu altern beginnt und dann die für ältere Hunde typischen Krankheiten bekommt.

Gemeinsam alt werden: Zwischen diesem älteren Hund und seinem Besitzer hat sich eindeutig ein enges Band der Freundschaft und des Vertrauens entwickelt.

Einen älteren Hund zu sich nehmen

Bis jetzt haben wir uns nur die Folgen angeschaut, die sich aus der Entwicklung eines Welpen zum alten Hund ergeben. Manchmal kommt aber ein älterer Hund direkt in unser Leben, ohne dass wir ihn kannten, als er noch jünger war. Das kann aus den unterschiedlichsten Gründen passieren.

Es ist zum Beispiel nichts Ungewöhnliches, dass jemand zu einem älteren Hund kommt, weil ein Verwandter verstorben oder nicht länger in der Lage ist, sich um den Hund zu kümmern. Noch wahrscheinlicher allerdings ist, dass ein Hund durch eine der vielen Hundevermittlungen, die sich auf streunende, misshandelte oder verlassene Hunde spezialisieren, in unser Leben tritt. Viele dieser Hunde sind natürlich ziemlich jung, eine Menge darunter sind allerdings auch älter, und viele davon brauchen, wie schon erwähnt, wegen Tod oder Handlungsunfähigkeit ihres Besitzers ein neues Zuhause. Solche Hunde stellen eine lohnende und erfüllende Erfahrung für einen Besitzer dar, der dazu bereit ist, sich eines Tieres anzunehmen, das sich nicht mehr in den ersten Jahren seines Lebens befindet. Viele dieser Hunde sind gut erzogen, und die meisten sind liebevolle und freundliche Wesen, die nichts als etwas freundlichen Rückhalt und Verständnis brauchen, um den Rest ihres Lebens voll auszukosten und Ihr vertrauender und liebender Freund zu werden.

Tierheimhunde

In Tierheimen finden Sie viele verschiedene Hunde, die nach einem neuen Zuhause suchen. Die Mitarbeiter des Tierheims können Ihnen dabei helfen, einen älteren Hund zu finden, der gut zu Ihnen passt. Bei manchen Vermittlungsstellen ist es sogar üblich, dass ein Mitarbeiter Sie zuhause besucht, um sicherzustellen, dass Ihre Lebensweise und das Umfeld für einen Hund passen. Hunde, die sich sofort gut einleben, sind meist diejenigen, die vorher mit nur einem Besitzer zusammengelebt haben. Wie bereits erwähnt, gibt es viele Gründen, warum sich Besitzer nicht mehr um ihr Haustier kümmern können und die gar nichts mit dem Hund direkt zu tun haben. Andererseits gibt es auch Hunde, die laut, zerstörerisch und aggressiv sind und deren Be-

sitzer vielleicht nicht mehr mit ihnen zurecht gekommen sind.
Versuchen Sie, so viel wie möglich über den Hintergrund eines solchen Hundes herauszufinden. Dies ist besonders dann erforderlich, falls Sie nach einem Familienhund suchen: Ein Hund, der nicht an Kinder gewöhnt ist, könnte in deren Gegenwart nervös werden und aggressiv reagieren, falls er Angst hat. Es ist ratsam, mit einem potenziellen Kandidaten spazieren zu gehen, anstatt sich ihn nur in seinem Zwinger anzuschauen. Denn das gibt Ihnen einen wertvollen Einblick in das Verhalten des Hundes und ermöglicht Ihnen herauszufinden, ob er die Grundkommandos kennt und leinenführig ist. Sie bekommen außerdem einen besseren Eindruck von seiner Persönlichkeit und erfahren, wie er auf Sie reagiert. Dies ist besonders bei einem Hund ausschlaggebend, der schlecht behandelt worden ist. Er gewöhnt sich vielleicht nicht sofort an Sie, weil ihn irgendetwas an Ihnen – unter Umständen Ihr Mantel oder Ihre Stimme – an seinen früheren Besitzer erinnert. Wenn Sie sich mit dem Hund nicht verstehen, führt dies in Zukunft mit Sicherheit zu Problemen.

Die Aufnahme eines älteren Hundes in Ihr Haus kann mit der Aufnahme eines Welpen verglichen werden, obwohl Sie nicht unbedingt mit dem Problem konfrontiert werden, das Tier zur Stubenreinheit erziehen zu müssen. Sollte dies dennoch der Fall sein, gehen Sie mit dem Hund frühmorgens, im Laufe des Tages und noch einmal abends nach draußen, wenn es am ehesten danach aussieht, dass er sich lösen muss. Wenn er dies dann tut, loben Sie ihn, so wie Sie es auch mit einem Welpen tun würden.

Einige ältere Rüden könnten versuchen, ihr Revier mit Urin zu markieren. Reinigen Sie diese Stellen gründlich, aber nicht mit üblichen Haushaltsreinigern, weil diese den Hund dazu veranlassen könnten, die gleiche Stelle noch einmal zu markieren. Spezielle Desinfektionsmittel und im Zoofachhandel erhältliche Geruchskiller eignen sich dafür eher. Die längerfristige Lösung dieses Problems ist aber, falls noch nicht geschehen, eine schnellstmögliche Kastration.

Ältere Hunde neigen besonders zu Beginn, genau wie Welpen, häufig dazu, an allen möglichen Gegenständen im Haus herumzukratzen. Lassen Sie Ihren Hund deshalb anfangs besser nicht bei geschlossener Tür allein – andernfalls finden Sie möglicherweise Ihren Teppichboden vor der Tür, aus der er während

Ihrer Abwesenheit herauszukommen versucht hat, zerkratzt vor. Weder Linoleum- noch Holzboden sind beständig genug, um keinen Schaden durch die Krallen des Hundes zu erleiden.

Vielleicht weiß Ihr »neuer alter« Hund schon, wie er es sich gemütlich macht. Solche alten Angewohnheiten sind schwer zu unterbinden. Wenn Sie Ihren Hund nicht auf Ihren Sitzmöbeln haben wollen, müssen Sie ihn bestimmt, aber freundlich dazu bringen, herunterzugehen und ihn loben, sobald er auf dem Boden ist.

Eine schwierige Vergangenheit

Wurde ein Hund einmal schlecht behandelt, ist es sehr schwierig, sein Vertrauen zu gewinnen, besonders dann, wenn Sie nicht genau wissen, was ihm Angst macht. Sie werden sehr viel Geduld aufbringen und auch verstehen müssen, dass er womöglich niemals so vertrauenswürdig wie ein Hund sein wird, der eine normale Erziehung genossen hat. Traurigerweise werden manche Hunde von einem Zuhause zum nächsten weitergereicht, und meistens sind dies die Hunde, die am schwierigsten wieder in ein neues Heim einzugewöhnen sind, weil sie zu diesem Zeitpunkt bereits sehr verschlossen und nervös sind. Oft als Wachhunde eingesetzte Rassen wie zum Beispiel Dobermann und Rottweiler sowie Mischlinge dieser Rassen haben häufig aggressivere Instinkte als andere Hunde. Beide Rassen wurden als Wachhunde gezüchtet und sind daher sehr beschützerisch und territorial. Diese Hunde neigen dazu, eine Bedrohung vorauszuahnen und dementsprechend zu handeln. Sie sind aber auch sehr gut trainierbar, werden von der Polizei genutzt und sehr für ihre Intelligenz geschätzt. Einen solchen Hund aufzunehmen, ohne seinen Hintergrund zu kennen, kann eine wirkliche Herausforderung sein. Betrachten Sie es niemals als günstige Möglichkeit dafür, an einen reinrassigen Hund zu kommen!

Manche Hunde wurden auch ausgesetzt aufgefunden und im Tierheim abgegeben. Höchstwahrscheinlich ist weder über den Hintergrund solcher Hunde viel bekannt noch darüber, warum sie ausgesetzt wurden. Sie können extrem untergewichtig und unter Umständen stark mit Parasiten wie z.B. Flöhen infiziert sein. Möglicherweise tragen sie sogar Narben von früheren Verletzungen. Diese Hunde sind Menschen gegenüber häufig sehr schüchtern und verschlossen und zeigen in vielen Fällen auch eine größere Neigung zum Streunen als solche, die vorher in einem festen Zuhause gelebt haben.

Genau wie mit einem jungen Welpen sollten Sie auch mit einem erwachsenen Hund frühzeitig eine Gesundheitsuntersuchung beim Tierarzt vereinbaren. Die Wahrscheinlichkeit ist hoch, dass solche Hunde noch nicht geimpft worden und daher dem Risiko von Krankheiten wie der Hundestaupe ausgesetzt sind.

Renner im Ruhestand

Wenn ihre Karriere auf der Rennbahn beendet ist, erhalten Greyhounds häufig ein neues Zuhause. Ihr freundliches Wesen macht diese Hunde zu idealen Begleitern, obwohl sie einige Zeit und viel Verständnis brauchen, um die notwendigen Umstellungen vom Hundezwinger zum häuslichen Leben zu bewerkstelligen. Weil sie die ersten Jahre ihres Lebens in Hundezwingern verbracht haben, müssen sie eventuell noch lernen, stubenrein zu sein.

Ein wichtiger Punkt, den man bedenken sollte, wenn man mit einem älteren Greyhound an öffentlichen Plätzen spazieren geht, ist, dass diese Hunde ihr früheres Leben damit verbracht haben, kleine pelzige Köder um eine Rennstrecke zu jagen. Dementsprechend könnten sie auf gleiche Art und Weise auf kleinere Hunde, wie zum Beispiel Yorkshire Terrier, reagieren. Die kleineren Hunde erkennen die Gefahr nicht und werden möglicherweise vom Greyhound gefangen und sogar getötet. Dies ist äußerst nervenaufreibend für alle Beteiligten und kann Sie zudem mit einer immensen Entschädigungsrechnung vom Besitzer des anderen Hundes konfrontieren.

Die einfache Lösung dieses Problems ist, dass Sie Ihren Greyhound nur dann von der Leine lassen, wenn er einen Maulkorb trägt. Maulkörbe sind in den meisten Zoofachhandelsgeschäften erhältlich und sollten Ihrem Hund nicht unangenehm sein, obwohl Sie natürlich darauf achten sollten, dass er richtig sitzt. Trotz ihres Rufs als Athleten unter den Hunden brauchen Greyhounds lediglich kurze Bewegungsaktivitäten, da sie Sprinter und keine Langstreckenläufer sind.

Bevor Sie einen Hund von der Leine lassen, müssen Sie sich sicher sein, dass er auf einen Ruf hin auch zu Ihnen zurückkommt. Deshalb sollten Sie Ihren neuen Gefährten einige Wochen, nachdem Sie ihn erhalten haben, nicht frei umherlaufen lassen. Natürlich hängt dieser zeitliche Rahmen vom individuellen Hund und seines Hintergrunds ab; falls er bereits gut erzogen ist, muss er sich lediglich an Sie gewöhnen, wohingegen ein Langzeit-Streuner sehr viel mehr Erziehung benötigt. Ihre örtliche Hundeschule hilft Ihnen dabei – Adressen können Sie zum Beispiel bei Ihrem Tierarzt erfragen oder im Internet heraussuchen.

Greyhounds, die nicht auf der Rennbahn starten, sind wunderbare Haustiere. Legen Sie ihnen an öffentlichen Plätzen dennoch einen Maulkorb an, um ein mögliches Jagen und Verletzen kleinerer Hunde zu vermeiden.

Verhaltensprobleme bei Tierheimhunden

Eines der störendsten Probleme bei Tierheimhunden ist vermutlich die Koprophagie, ein Zustand, in dem der Hund seinen eigenen Kot frisst. Dieses Problem tritt häufig bei Hunden auf, die in Zwingern gehalten wurden oder in sehr unhygienischen Umgebungen gelebt haben. Man kann dieses Verhalten verhindern, indem man den Hund nicht an seine Fäkalien lässt. In besonders ernsten Fällen sind Sie auf die Hilfe des Tierarztes angewiesen: Es gibt Medikamente, die den Hund nach dem Fressen seiner Fäkalien zum Erbrechen bringen oder ihnen einen höchsten unangenehmen Geschmack verleihen.

Ein anderes Problem ist die Zerstörungswut, bei der der Hund Ihr Zuhause während Ihrer Abwesenheit beschädigt und permanent bellt, wenn er alleine gelassen wird.

Solche Verhaltensweisen können auf eine Trennungsangst hinweisen. Es kann außerdem etwas aus seiner Vergangenheit sein, was diesen Aktivitäten zugrunde liegt, vor allem, wenn er vernachlässigt oder für eine lange Zeit alleine eingesperrt worden ist. Das Thema Trennungsangst sowie Möglichkeiten zum Umgang mit diesem Problem werden im Kapitel *Körperliche Veränderungen und Verhaltensänderungen* behandelt.

Manche Hunden bellen, wenn sie nachts alleine in einem Raum schlafen sollen. Einerseits zeigen sie damit vielleicht tatsächliche unerwünschte Eindringlinge oder als solche wahrgenommene an, andererseits müssen Sie aber aufpassen, dass Ihr Hund diesen Trick nicht anwendet, um Sie regelmäßig aus dem Bett zu holen, damit Sie sich um ihn kümmern. Diese Schwierigkeit tritt meist dann auf, wenn Sie Ihrem Hund in der ersten Woche erlauben, in Ihrem Schlafzimmer zu schlafen und danach von ihm erwarten, irgendwo anders im Haus alleine zu bleiben. Es ist wesentlich ratsamer, etwas, was sie später fortsetzen möchten, bereits von Anfang an genauso einzuführen und Ihrem Hund dadurch angewöhnen, nachts an einem festen Schlafplatz zu bleiben.

Wenn Ihr Hund später nicht in Ihrem Schlafzimmer schlafen soll, gewöhnen Sie ihn gar nicht erst daran, sondern geben ihm von Beginn an seinen festen Platz.

Seien Sie einfühlsam

Andere eventuell problematische Verhaltensweisen können auftreten, wenn sich Ihr Hund besser in seinem Umfeld eingewöhnt hat. Sofern Sie nicht mit seinem Hintergrund und seiner Vergangenheit vertraut sind, seien Sie beispielsweise vorsichtig, wenn Sie ihm einen Gegenstand wegnehmen, weil dies zu einem unerwarteten Biss führen kann. Dies trifft vor allem dann zu, wenn der Hund es nicht gelernt hat, etwas auf Kommando loszulassen. Statt Ihre Hand um den Gegenstand, den der Hund im Maul hat, zu legen, legen Sie Ihre linke Hand um den Fang und benutzen Sie die andere, um den Unterkiefer herunterzudrücken, was den Hund dazu bringt, den Gegenstand loszulassen. Selbst wenn er nach Ihnen zu schnappen versucht, ist eine Verletzung unwahrscheinlich, da Sie noch immer seine Kiefer festhalten.

Hunde, die mit Zuschnappen reagieren, wenn man ihnen ihre Spielzeuge wegnimmt, sind keineswegs bösartig und verhalten sich in anderen Situationen wiederum tadellos. Der Grund für eine solche Reaktion liegt meist an einer schlechten Erziehung in ihrer Vergangenheit. Mit der Zeit und mit genügend Ermunterung gelingt es Ihnen wahrscheinlich, diese schlechte Angewohnheit des Hundes loszuwerden. Aber Achtung – das heißt noch nicht, dass sich Ihr Hund in der gleichen kooperativen Art und Weise auch anderen Familienmitgliedern gegenüber verhält, es sei denn, diese wurden in die Erziehung des Hundes mit eingebunden. Wenn Sie bezüglich der Hundeerziehung oder des allgemeinen Verhaltens Ihres Hundes auf wirkliche Schwierigkeiten stoßen, empfiehlt sich die Hilfe eines guten Trainers oder Tierverhaltenstherapeuten. Machen Sie außerdem unbedingt Kindern verständlich, dass sie nicht alleine versuchen dürfen, dem Hund einen Gegenstand wegzunehmen, sondern stattdessen einen Erwachsenen um Hilfe bitten sollen.

Scheinträchtigkeit

Seien Sie sehr vorsichtig mit einer Hündin, die unter einer Scheinträchtigkeit leidet. Dieser hormonelle Zustand tritt nach dem Zeitpunkt auf, an dem eine Hündin normalerweise werfen würde – ungefähr 63 Tage nach ihrer letzten Hitze. Dies führt sogar zum Anschwellen ihrer Milchdrüsen und zur Milchproduktion, obwohl sie gar nicht gedeckt wurde. Befinden sich in ihrer Gegenwart keine Welpen, überträgt sie ihre mütterliche Liebe auf ihre Spielsachen und wird diesen gegenüber sehr besitzergreifend. Scheinträchtigkeiten neigen dazu, nach jeder Hitze wiederholt aufzutreten. Eine Kastration ist hier die einfachste Lösung, um das erneute Aufkommen dieses Problems zu unterbinden.

Körperliche Veränderungen und Verhaltensänderungen

Veränderungen im Aussehen und Verhalten des Hundes finden natürlich nicht nur mit fortschreitendem Alter statt. Das Altern beginnt für alle von uns bereits bei der Geburt, Hunde eingeschlossen! Dennoch werden die Veränderungen, die wir wahrnehmen, wenn sich unser Hund vom Welpen zum erwachsenen Hund entwickelt, mit Stärke, Energie und Lebenskraft assoziiert,

Wie beim Menschen auch verändert sich das Aussehen eines Hundes, wenn er altert. Vergleichen Sie den ein wenig gelassenen und stämmigen alten Springer Spaniel links mit dem wesentlich jüngeren Exemplar aus der gleichen Rasse rechts.

wohingegen jene, die während der fortschreitenden Jahre eintreten, eher einen würdevollen Körper und Geist zu reflektieren scheinen. Dinge werden mit einer langsameren Geschwindigkeit ausgeführt. Eventuell benötigt der Hund ein wenig mehr Zeit, bevor er morgens in Schwung kommt; die Schlafenszeiten werden länger und tiefer und wahrscheinlich auch häufiger. Und auch wenn es nicht immer gleich offensichtlich wird, geht ein Rückgang des körperlichen Zustands oft mit einer Verschlechterung der geistigen Fähigkeiten einher, was meist auch emotionale Veränderungen zur Folge hat.

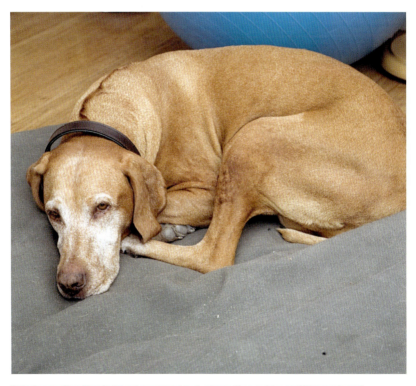

Bei einem alten Hund dauert es manchmal etwas länger, bis er völlig wach und bereit für den anstehenden Tag ist. Lassen Sie ihn mit seinem eigenen Tempo auf die Beine kommen …

Typische Anzeichen des Alterns

- Veränderungen im Fell. Mit dem Alter beginnt das Fell zu ergrauen, im Allgemeinen im Gesicht, besonders um die Schnauze und Augenbrauen. Es ist auch etwas dünner und weniger glatt.
- Sie sehen und fühlen auf dem Körper Ihres Hundes vielleicht kleine, weiche Knoten. Obwohl diese auch auf einen Krebstumor hinweisen könnten, sind es in vielen Fällen einfach gutartige, fetthaltige Knoten, Lipome genannt, oder warzenartige Gebilde, die man als Papillome bezeichnet. Konsultieren Sie dennoch Ihren Tierarzt, um jeden dieser Knoten untersuchen zu lassen.
- Steifheit in den Gelenken, besonders nach dem Schlafen oder nach Bewegung.
- Ältere Hunde gehen das Leben mit der Zeit langsamer an. Sie zeigen daher weniger Begeisterung für das Spielen oder das Spazierengehen.
- Wenn der Hund nicht mehr stubenrein ist, ist das ein Anzeichen für eine nicht mehr einwandfrei funktionierende Blase.
- Augen und Ohren sind vielleicht nicht mehr so scharfsinnig, wie sie einmal waren, was bedeutet, dass Ihr Hund Sie manchmal zu ignorieren scheint, wenn Sie ihn rufen (das liegt einfach daran, dass er Sie nicht gehört hat) oder sein Augenlicht lässt nach.
- Einige Hunde reagieren überempfindlich auf laute Geräusche (wie Feuerwerk oder Gewitter, falls sie dies nicht vorher schon taten) oder zeigen andere Anzeichen von Angst (wenn sie zum Beispiel alleine im Haus gelassen werden).
- Häufigeres Trinken.

Es ist nicht ungewöhnlich, dass ältere Hunde öfter trinken. Es gibt dafür mehrere Gründe, Nierenprobleme und Diabetes eingeschlossen. Eine zu geringe Wasseraufnahme stellt auch ein Problem dar, weil sie eine Dehydrierung verursacht. Konsultieren Sie Ihren Tierarzt, falls Ihr Hund mehr oder weniger trinkt als gewöhnlich.

Das Fell

Eines der offensichtlichsten körperlichen Zeichen, die Sie während des Alterungsprozesses Ihres Hundes bemerken, ist eine Veränderung der Fellbeschaffenheit. Das Fell ist in vielen Dingen der Spiegel für den Zustand der darunterliegenden Haut, denn die einzelnen Haarfollikel, aus denen das Fell besteht, sind in den tiefen Schichten der Haut angesiedelt. Bestimmte Muskeln in der Haut, die Aufrichtmuskeln, ziehen die Haarfollikel an, um die Haare aufzurichten. Und die Talgdrüsen in der Haut (Dermis) halten die Haare durch die Ausscheidung eines Öls, dem Hauttalg, geschmeidig. Mit dem Alter verliert die Haut ihre Geschmeidigkeit und die ölproduzierende Fähigkeit der Talgdrüsen lässt nach. Das führt nicht nur dazu, dass das Fell trockener aussieht und sich in einem schlechten Zustand befindet, sondern auch, dass es weniger glatt ist. Das Fell ist dadurch dünner, da sich die Erneuerung der Haare verlangsamt.

Bei mit dem Alter stumpfer werdenden Fell können hochwertige kaltgepresste Öle, die über das Futter gegeben werden, die nachlassende Ölproduktion der Hauttalgdrüsen ausgleichen helfen.

Im Alter wird das Fell des Hundes weniger glatt. Trotzdem halten es eine regelmäßige und gründliche Fellpflege und gelegentliche Nahrungsergänzungsmittel in einem guten Zustand.

Ein weiteres deutliches Zeichen des Alterns ist das Ergrauen des Fells, ganz besonders auffällig bei Hunden mit einem dunklen Fell um die Schnauze und im Gesicht. Wie beim Menschen kommt dies zustande, wenn die sogenannten Melanozyten-Zellen (welche den einzelnen Haaren ihre Farbe verleihen) weniger Pigmente produzieren. Dadurch erscheinen die Haare farblos oder »grau«. Es gibt wenig, was Sie dagegen tun können – es gehört einfach zum Älterwerden dazu. Aber es gibt diverse Fellspülungen auf dem Markt, mit deren Hilfe einige der Öle ersetzt werden, die natürlicherweise mit dem Alter verloren gehen. Diese lassen das Fell glatter und besser aussehen. Einige von ihnen gibt es als Crème, die in das Fell einmassiert wird, andere werden auf das Fell gesprüht.

Mit fortschreitenden Jahren werden die Augen eines Hundes, wie hier, trüb und können auch eine leicht bläuliche Färbung annehmen. Eine weiße Färbung der Augen wird oftmals mit der Entstehung von Grauem Star in Verbindung gebracht.

Mit dem Alter ergraut das Fell um die Schnauze und im Gesicht. Dies lässt sich besonders deutlich an Hunden mit dunklem Fell, wie diesem schwarzen Labrador, erkennen.

Die Sinne

Sie nehmen wahrscheinlich auch Veränderungen an den Augen Ihres Hundes war. Die Augenlinsen können trüb erscheinen. Dies hängt oft mit einem Zustand zusammen, der nicht unbedingt die Sehfähigkeit beeinträchtigt, kann aber manchmal auch den Beginn altersbedingter Krankheiten wie dem Grauen Star kennzeichnen. Veränderungen in der Elastizität der Linsen führen zur Kurzsichtigkeit des Hundes, was beispielsweise deutlich wird, wenn er versucht, einen Ball anzuvisieren und zu fangen. Auch die Sehfähigkeit im Dunkeln oder sogar im hellen Licht kann sich verschlechtern. Auf die meisten dieser Dinge können Sie aber Rücksicht nehmen, sodass Ihr Hund das Leben weiterhin in vollen Zügen genießen kann. Rollen Sie beim Ballspielen den Ball über den Boden, anstatt ihn in die Luft zu werfen. Für einen Hund, der nicht mehr so gut sieht wie sonst, ist es in der Regel einfacher, den Ball auf diese Weise im Auge zu behalten. Passen Sie beim Spazierengehen besonders auf Gefahren wie Drahtzäune auf, die Ihr Hund beim schnellen Laufen unter Umständen nicht sieht. Verzweifeln Sie nicht, wenn die Sehstärke Ihres Hundes wirklich schlecht ist. Durch die Leistung der anderen Sinne, wie dem Riechen, gelingt es einem fast oder sogar gänzlich blinden Hund erstaunlich gut, dies auszugleichen. Vorausgesetzt, er hat es gelernt, mit dieser Situation umzugehen und befindet sich in einer für ihn vertrauten Umgebung.

Das Hörvermögen verschlechtert sich ebenfalls mit dem Alter. Häufig kommt dies durch einen Nervenschaden oder durch Vererbung in manchen Zuchten vor. Taubheit kann auch durch eine Versteifung eines Knochens im Mittelohr entstehen – ein Zustand, der Innenohrsklerose genannt wird und altersbedingt ist. Manchmal kann eine scheinbare Taubheit auch durch eine Ohrinfektion, eine Ansammlung von Ohrenschmalz oder durch einen Fremdkörper innerhalb des Ohrs entstehen.

Trennungsangst

Ein alternder Hund, dessen Seh- und Hörvermögen sich verschlechtert, kann ängstlich reagieren, wenn er alleine gelassen wird. Dieser Zustand ist als Trennungsangst bekannt. Veränderungen im alltäglichen Umfeld des Hundes verschlimmern diese Dinge noch. Diese Angst zeigt sich bereits sogar vor dem Weggehen des Besitzers und äußert sich in einem Anfall von Jaulen, Urinieren, Koten oder sogar in zerstörerischem Verhalten, während der Hund alleine ist.

Um der Entstehung von Trennungsangst vorzubeugen, bringen Sie Ihren Hund dazu, sich bequem irgendwo hinzulegen, bevor Sie das Haus verlassen. Ein beliebtes Spielzeug, wie ein alter Schuh, trägt zu seiner Beruhigung bei.

Mit Trennungsangst umgehen

- Versuchen Sie, die Umstände Ihres Weggehens zu verändern. Hunde reagieren auf visuelle Zeichen wie den Ablauf, durch welchen Sie vor dem Weggehen gehen. Können Sie einige von diesen vollkommen vermeiden – indem Sie zum Beispiel nicht mit Ihren Autoschlüsseln klimpern? Gehen Sie an den Wochenenden einfach einmal Ihren »Sich-für-die-Arbeit-fertig-machen«-Ablauf durch. Anstatt wirklich zu gehen, spielen Sie stattdessen mit Ihrem Hund – sogar, wenn Sie Ihre Arbeitskleidung tragen!
- Stellen Sie sicher, dass Ihr Hund beruhigt ist, bevor Sie aus dem Haus gehen. Helfen Sie ihm, sich zu entspannen und in Ihrer Gegenwart ruhig zu sitzen. Ein angespannter Hund wird noch angespannter, wenn er alleine gelassen wird.
- Lassen Sie Ihren Hund in einem guten Umfeld. Sie wissen, was er am liebsten mag, stellen Sie sein Bett deshalb an seinen Lieblingsplatz und erlauben Sie ihm, ein bisschen umherzuwandern oder aus dem Fenster zu schauen, falls er das mag. Hinterlassen Sie ein Leckerchen, das seine Aufmerksamkeit hält, während Sie fortgehen. Das Anlassen des Radios gibt Ihrem Hund während Ihrer Abwesenheit eine Art menschliche »Gesellschaft«.
- Halten Sie Ihre Abwesenheit anfangs sehr kurz. Lassen Sie Ihren Hund einfach in einem Raum, während Sie die Tür schließen und für kurze Zeit in einen anderen Raum gehen. (Das kann für einige Minuten oder sogar nur für einige Sekunden sein, abhängig von der Reaktion Ihres Hundes.) Jedes Mal, wenn Ihr Hund sich ruhig verhält, während Sie weg sind, loben Sie ihn, wenn Sie zurückkommen und schimpfen Sie nicht mit ihm, wenn er sich nicht wie gewünscht verhält; ignorieren Sie einfach jedes unerwünschte Verhalten. Verlängern Sie schrittweise die Zeiten, zu denen Ihr Hund alleine ist und führen dann kurze Zeiten ein, an denen Sie wirklich aus dem Haus gehen. Dies sollte eine Verhaltensänderung bei Ihrem Hund bewirken, auch wenn es einige Wochen dauert, bis diese erreicht wird.

- Lassen Sie jemanden zu Besuch kommen, während Sie weg sind. Manchmal hilft es, wenn ein Freund, Nachbar oder Verwandter in Ihr Haus kommt und einige Zeit mit Ihrem Hund verbringt. Dies verringert die Zeit, in der Ihr Hund alleine ist, reduziert unter Umständen die Angst und gibt ihm die Möglichkeit, sich draußen zu lösen und ein wenig Auslauf zu bekommen.
- Gestalten Sie Ihr Weggehen unauffällig, sodass Ihr älterer Hund dieses Verhalten nicht mit dem Alleinegelassenwerden assoziiert.
- Besprechen Sie dieses Problem mit anderen Hundebesitzern, die andere Vorschläge für Sie haben. Ein Internetdiskussionsforum ist ein guter Ort dafür. Lassen Sie sich, wenn nötig, auch Ratschläge vom Tierarzt oder einem Tierverhaltenstrainer geben.

Schmerzen

Wenn ein Hund altert, zeigen auch die inneren Organe Anzeichen von Abnutzung. Knochen werden zerbrechlicher und die Knorpel (das Gewebe, welches die Knochenenden an ihren Gelenkverbindungen miteinander verbindet) nutzen sich ab. Wenn sich die Knorpel abtragen, reiben die Enden der Knochen schmerzhaft aneinander und weisen somit Symptome von den vielen Arten der Arthritis auf. Die erblich bedingte Hüftgelenksdysplasie beeinträchtigt mit dem Alter ebenfalls die Beweglichkeit mancher Rassen.

Muskeln beginnen ihre Masse und ihre Spannkraft zu verlieren, was nicht selten in einer erschwerten oder sogar schmerzhaften Bewegung resultiert. Dies wiederum verringert die Gelenkigkeit sowie das Bedürfnis zu laufen und zu spielen.

Diese allgemeine Steifheit kann sich auf viele Arten äußern: Sie werden merken, dass Ihr Hund länger als vorher braucht, um sich hinzulegen oder aufzustehen; was er sonst einmal in einer fließenden Bewegung gemacht hat, macht er nun in einer schwerfälligen Bewegung. Das Hochgehen von Treppen und Springen auf Sofas muss jetzt anders als vorher gehandhabt werden und benötigt unter Umständen eine helfende Hand Ihrer-

Wenn Ihr Hund älter wird, versucht er immer wieder, das Liegen auf harten Oberflächen zu vermeiden. Dieser Labrador hat sich den Teppich anstatt des Holzbodens ausgesucht – und wer kann es ihm verdenken!

seits. Das Beibehalten des richtigen Körpergewichts Ihres Hundes, das Befolgen einer angemessen Ernährung und das richtige Maß an Bewegung tragen auf längere Zeit dazu bei, den Wirkungen der Muskel-Skelett-Erkrankung entgegenzuwirken. Es gibt auch Rampen, die das Hineinsteigen in ein Fahrzeug erleichtern (Lesen Sie das Kapitel *Allgemeine Pflege*).

Viele ältere Hunde halten sehr schlecht Extremtemperaturen aus. Ihr Hund zeigt womöglich eine Abneigung, nach draußen zu gehen, wenn es nass oder kalt ist, und er hat ein größeres Bedürfnis, an heißen Tagen schattige Plätze aufzusuchen. Achten Sie auf dieses Verhalten und respektieren Sie den Wunsch Ihres Hundes, in dem Bereich zu bleiben, in dem er sich sicher fühlt. Halten Sie eine warme Decke bereit, auf der er anstatt des Fliesen- oder Holzbodens liegen kann und stellen Sie für den Fall, dass es keine natürliche Abdeckungen gibt, bei sonnigem Wetter einen Sonnenschutz im Garten auf.

Körperfunktionen

So wie die bereits oben erwähnten muskuloskelettalen Veränderungen finden mit dem Alter auch andere Veränderungen im Körper eines Hundes statt. Die inneren Organe – wie das Herz, die Leber, die Nieren sowie das Verdauungssystem – verlieren an

Leistung. Das Immunsystem, welches das Eindringen von Fremdkörpern verhindert, verliert häufig ebenfalls an Stärke und wehrt Bakterien und Viren weniger erfolgreich ab. Das Verdauungssystem eines älteren Hundes verdaut Nahrung nicht mehr so rasch wie vorher und es muss die Futterart und Futtermenge berücksichtigt werden, die dem Hund gegeben wird. Wenn Sie seine Kalorienaufnahme kontrollieren, können Sie eine Fettleibigkeit verhindern, die seine Gesundheit und Lebenserwartung schwerwiegend beeinträchtigt.

Ein Hund, der seine Stubenreinheit verliert, kann ein zugrundeliegendes, medizinisches Problem wie zum Beispiel eine Dickdarmentzündung, eine Blasenentzündung oder ein Nierenversagen haben. Es kommt wegen der körperlichen Unfähigkeit der Zeitpunkt, da Ihr Hund es schwierig finden wird, nach draußen zu gehen und sich zu lösen, sodass es nötig ist, den Zugang zum Garten zu erleichtern. Manche Arten von Futter bereiten dem Hund Probleme beim Koten und Ihr Tierarzt empfiehlt Ihnen unter Umständen eine Umstellung der Nahrung, die das Problem behebt.

Über den Daumen gepeilt sagt man, dass ein gesunder Hund alle 24 Stunden normalerweise um die 50 ml Wasser pro kg Körpergewicht trinkt, ältere Hunde trinken aber häufig mehr. Dieses Problem lässt sich auf Krankheiten wie das Cushing-Syndrom, Diabetes oder eine nachlassende Nierenfunktion zurückführen. Ihr Tierarzt wird in diesem Fall eine Nahrungsumstellung empfehlen, um die Auswirkungen des Nierenversagens zu bekämpfen. Eine solche Nahrung ist proteinärmer, enthält weniger Natrium und weniger Phosphor. Nierenversagen kann auch ein Grund für Mundgeruch beim Hund sein, obwohl andere Ursachen wie Maulinfektionen, Maulhöhlenkarzinome, Zahnfleischerkrankung und ein bakterieller Zahnsteinbelag auf den Zähnen häufig sind.

Die Pyometra, eine Entzündung der Gebärmutter, kann Hündinnen jungen und mittleren Alters betreffen, obwohl sie am ehesten bei alten Hunden auftritt. Die Anzeichen von Pyometra variieren abhängig davon, ob der Muttermund geöffnet ist oder nicht. (Kastrierte Hunde sind davon nicht betroffen, da es eine Gebärmuttererkrankung ist. Das Entfernen der Gebärmutter und anderer Fortpflanzungsorgane ist in der Tat eine Möglichkeit, um dieses Problem, wenn es auftaucht, zu beheben.) Der Muttermund ist der Hals der Gebärmutter, welcher normalerweise eng verschlossen bleibt und sich nur kurz vor einer Geburt öffnet. Wenn dieser geschlossen ist, wird der durch die Pyometra entstandene Eiter nicht ablaufen oder sichtbar sein. Falls er geöffnet ist, tropft der Eiter von der Gebärmutter herunter und ist auch auf der Bettwäsche oder auf Möbeln sichtbar, auf der Ihr Hund gelegen hat oder auf dem Fell und unter dem Schwanz. Wenn der Muttermund geschlossen ist, hat der Eiter keiner Möglichkeit, nach draußen abzufließen. Stattdessen sammelt er sich in der Gebärmutter an, wo er eine Dehnung des Unterleibs zur Folge hat. Die Bakterien im Ausfluss setzen Gifte frei, welche in den Blutkreislauf gelangen und dort Probleme wie Erbrechen, Durchfall und Antriebslosigkeit verursachen. Die Nebenwirkungen einer Pyometra beeinflussen auch die Nieren und führen zu einem übermäßigen Trinken und Urinieren. Falls Ihnen einer dieser beschriebenen Symptome auffällt, suchen Sie schnellstmöglich Ihren Tierarzt auf.

Veränderungen im Verhalten

Zusätzlich zu der bereis erwähnten Trennungsangst zeigt ein älterer Hund vermehrt andere Verhaltensänderungen. Ein ehemals gemütlicher und gut erzogener Hund kann zum Beispiel Anzeichen aggressiven Verhaltens zeigen, wenn er älter wird. Trotz allem kann diese Aggression lediglich auf ein körperliches Problem zurückzuführen sein. Schmerzende Knochen und Muskeln oder ein Zahnproblem bereiten Ihrem Hund Schmerzen und machen ihn reizbar und sogar verängstigt. Ihr Hund kann eventuell nicht mehr allzu gut hören oder sehen und bekommt Angst, wenn er durch Sie oder jemand anderes im Haus versehentlich erschreckt wird. Er kann auch Zeichen von Stress zeigen, wenn sich plötzlich sein gewohnter Ablauf ändert – zum Beispiel, wenn Sie umziehen oder alleine schon die Möbel in einem Raum umstellen. Den Hund für längere Zeit als gewöhnlich alleine im Haus zu lassen oder einen anderen Hund in die Familie aufzunehmen stellen ebenfalls beunruhigende Erlebnisse für einen alten Hund dar. Viele dieser Probleme lassen sich beheben, wenn Sie rücksichtsvoll mit seiner Umgebung umgehen, gesunden Menschenverstand einsetzen und beobachten, welche Faktoren ihn auf diese Weise reagieren lassen.

Stress zeigt sich auf viele Arten und Weisen – übermäßiges Hecheln, die Unfähigkeit sich hinzulegen und die Neigung, Ihnen überallhin zu folgen zeigen, dass Ihr Hund mit einer Situation überfordert ist. Wechselnde Launen können das Ergebnis einer Hormonstörung sein, oder eines Zustandes, das sich das Kognitive Dysfunktionssyndrom nennt (dazu später mehr).

Andere Anzeichen für eine Anspannung Ihres Hundes sind Bellen, Wimmern oder Jaulen. Diese können aufgrund einer Trennungsangst auftreten (lesen Sie Seite 24), aber auch als Strategie gebraucht werden, um Ihre Aufmerksamkeit zu erregen. Wenn Letzteres der Fall ist, hilft es oft, den Hund abzulenken, sobald er zu bellen beginnt. Dafür eignet sich am besten eine mit Kieselsteinen oder Reis gefüllte Dose, die in seine Richtung geworfen wird, was ihn aufgrund des unbekannten Geräusches ein wenig erschreckt. Weil Ihr Hund dieses Geräusch nicht mag, beginnt er, sein Bellen mit einer unangenehmen Überraschung (dem Geräusch) zu verbinden und hört damit auf. Wie schnell das passiert, hängt sehr vom Hund ab; einige reagieren schnell darauf und andere brauchen länger. Wenn Sie dies probieren, achten Sie jedoch darauf, dass Ihr Hund nicht Sie selber mit der Verhaltensbesserung assoziiert. Werfen Sie die Dose, wenn die Konzen-

Übermäßiges Hecheln kann ein Stresssymptom bei einem alten Hund sein.

tration Ihres Hundes nicht auf Sie gerichtet ist, während er bellt. Alternativ kann auch ein Helfer, der sich außerhalb des direkten Sichtfeldes des Hundes befindet, die Dose vorsichtig werfen, während die Aufmerksamkeit des Tieres auf Sie gerichtet ist.

Stress drückt sich auch in anderen Formen des Verhaltens aus: Ihr Hund entwickelt vielleicht eine Veränderung in seinem Essverhalten oder Appetit; er findet es je nachdem auch schwieriger sich nachts hinzulegen, schreitet um das Haus herum und müht sich beim Urinieren oder Koten ab. Diese Dinge sollten von einem Tierarzt untersucht werden.

Angst vor Geräuschen

Feuerwerke, das Donnern bei einem Gewitter, lauter Straßenverkehrslärm und andere laute Geräusche machen Ihren Hund sehr ängstlich und unruhig. Dafür gibt es mehrere Gründe: Ihr Hund kann sich nicht mehr so gut bewegen. Das macht es schwieriger, sich von dem, was er als Geräuschquelle wahrnimmt, zu entfernen; er ist weniger in der Lage, mit Stress so wie früher umzugehen und er leidet eventuell am Kognitiven Dysfunktionssyndrom (lesen Sie später mehr dazu). Es gibt viele Therapien und Medikamente, um diese Angst zu behandeln und den Hund zu beruhigen. Eine andere Methode ist die Gegenkonditionierung. Bei dieser Behandlung wird dem Hund das Geräusch, das die Angst verursacht, anfangs leise und über mehrere Tage oder Wochen stetig lauter vorgespielt. Jedes Mal, wenn der Hund keine Angst vor dem Geräusch zeigt, wird er belohnt. Selbst, wenn Sie keine solchen Maßnahmen ergreifen, gibt es einige praktische Dinge, die Sie tun können, um das Problem zu verringern. Indem Sie alle Fenster schließen und die Vorhänge zuziehen, wird der Geräuschpegel reduziert. Reden Sie freundlich mit Ihrem Hund, um ihn zu beruhigen und zu beschwichtigen oder lenken Sie ihn durch das Spielen seines Lieblingsspiels ab. Falls möglich, versuchen Sie Ihrerseits keine Angst zu zeigen – auch wenn Sie selber Angst vor Gewitter haben! Wenn Sie dies tun, übertragen Sie nur Ihre Angst auf den Hund und bekräftigen dadurch seine Angst.

Ein Zustand, der oftmals ältere Hunde betrifft, ist das Kognitive Dysfunktionssyndrom. Wenn Ihr Hund altert, altert sein Gehirn ebenfalls, was zu einer Form der Demenz oder der Senilität, ähnlich der Alzheimerkrankheit beim Menschen, führt. Es ist erwiesen, dass über die Hälfte alle Hunde über zehn Jahren zumindest einige der Anzeichen für das Kognitive Dysfunktionssyndrom aufweisen.

Weil einige dieser Anzeichen auch bei anderen Krankheiten vorkommen, führt Ihr Tierarzt eine Reihe von Tests durch, um sicherzugehen, ob Ihr Hund am Kognitiven Dysfunktionssyndrom leidet oder nicht. Leider gibt es jedoch, wie beim Menschen mit einer Alzheimererkrankung, keine Heilung für diesen Zustand. Ihr Tierarzt empfiehlt Ihnen in diesem Fall trotzdem eine Medikamentenbehandlung wie zum Beispiel mit dem Wirkstoff Selegilin, um einigen der Symptomen entgegenzuwirken. Obwohl das Kognitive Dysfunktionssyndrom nicht vermeidbar ist, gibt es etliche Spiele und andere stimulierende Zeitvertreibe, die Sie mit Ihrem Hund unternehmen können, um ihn trotz eines hohen Alters geistig fit zu halten. (Lesen Sie Seite 34 des Kapitels *Allgemeine Pflege*).

Hecheln und ins Leere starren können Anzeichen eines Kognitiven Dysfunktionssyndroms sein.

Anzeichen für das Kognitive Dysfunktionssyndrom beim Hund

- Desorientierung – wenn er sich unter anderem in einem bekannten Umfeld wie im Garten »verläuft« oder hinter Möbeln »eingeklemmt« zu sein scheint.
- Unvermögen, vertraute Menschen wiederzuerkennen, oder auf bekannte Kommandos oder Zeichen zu reagieren.
- Angst ohne bestimmten Grund.
- Kein Interesse an bekannten Beschäftigungen wie Spielen oder Gestreicheltwerden.
- Unübliches Verhalten wie grundloses Bellen oder Jaulen, im Kreis laufen, zittern oder nachts herumwandern.
- Plötzliche Stubenunreinheit, die sich nicht bereits bekannten Gesundheitsproblemen zuordnen lässt.

Allgemeine Pflege

Nur, weil Ihr Hund älter wird, bedeutet das nicht, dass Sie viel Aufhebens um ihn machen und ihn wie einen Greis behandeln müssen. Aber wie eine ältere Person ihre Lebensweise zu ändern beginnt, ist es auch sinnvoll, Veränderungen im täglichen Leben Ihres Hundes zu berücksichtigen.

Diese Veränderungen brauchen nicht dramatisch oder weitreichend zu sein – schließlich ist Ihr Hund nicht an dem einen Tag noch jung und an dem anderen Tag plötzlich schon alt. Die Veränderungen sollten behutsam eingeführt und mit der Zeit gesteigert werden. Manche Hunde, die ein aktives und gesundes Leben gewöhnt sind, sind trotz ihrer fortgeschrittenen Jahre weiterhin agil. Ihre Wachsamkeit und Ihr Verständnis für die Bedürfnisse und das Verhalten Ihres Hundes spielen dabei eine große Rolle, wie viele schöne Stunden er in seinen späteren Jahren mit Ihnen verbringt.

Aktive Rassen, so wie dieser aufmerksam schauende Border Collie, werden wahrscheinlich auch im fortgeschrittenen Alter so bewegungsfreudig sein wie zuvor.

Der Tagesablauf

Je älter ein Hund wird, desto mehr schätzt er einen geregelten Ablauf und das Leben wird für ihn angenehmer, wenn Sie sich einige zusätzliche Gedanken über seine Bedürfnisse machen. Anstatt morgens zum Beispiel so früh wie möglich aufzustehen, möchte Ihr Hund nun lieber ausschlafen (angenommen, seine Blase erlaubt ihm das!). Seien Sie daher geduldig und jagen Sie Ihren Hund nicht aus seinem Bett und in den Garten, bis er Ihnen von selber deutlich macht, dass er nach draußen möchte. Beim ersten Erwachen kann es zu einer Steifheit der Gelenke kommen, geben Sie Ihrem Hund vor dem Spazierengehen deshalb ein bisschen Zeit zur Auflockerung. Einige Hunde sind bei schlechtem Wetter eventuell davon abgeneigt, nach draußen zu gehen und brauchen eine kleine Ermutigung. Ein warmer und wasserdichter Hundemantel hält dabei Kälte und Nässe fern. (Lesen Sie auch das Kapitel *Spezielle Pflege*.)

Ein älterer Hund kann lärmenden Kindern, die mit ihm spielen wollten und ihn herumziehen, gegenüber weniger tolerant sein und knurrt oder zieht die Lefzen hoch, wenn er zu viel provoziert wird. Dies tut er, weil seine Gelenke etwas schmerzen und er daher vorsichtig und freundlich behandelt werden sollte. Verhindern Sie diese Situation, indem Sie den Kindern erklären, dass Ihr Hund jetzt älter ist und Dinge auf eine langsamere Art und Weise verrichten muss und dass ihm, wenn er es möchte, seine Ruhe gelassen wird.

Ein warmer, wasserdichter Mantel schützt vor schlechtem Wetter.

Es kann vorkommen, dass Ihr Hund bei lauten Geräuschen schreckhafter oder von Zeit zu Zeit verwirrt ist. Dies sind Zeichen für einen alternden Körper und Geist. Zusätzlich stumpfen seine Sinne ein wenig ab und starke Schmerzen sind alltäglicher.

Deshalb braucht Ihr Hund mehr Geduld und Verständnis und eine etwas ruhigere Umgebung. Falls Sie Ihre Möbel in einem Raum umstellen, tun Sie dies schrittweise, um den Hund durch diesen großen Umbruch in seinem Lebensraum nicht allzu durcheinander zu bringen – dies ist besonders wichtig, wenn die Sehstärke des Hundes nachzulassen beginnt. Stellen Sie sicher, dass das Bett Ihres Hundes sich an einem warmen, zugluftfreien Teil des Hauses befindet, außerhalb des Hauptdurchgangsverkehrs, sodass es, wann immer er Frieden und Ruhe benötigt, ein gemütlicher und sicherer Rückzugsort ist. Ein Hund wird auch durch die Trennung von seinem Besitzer ängstlicher. Versuchen Sie ihn möglichst nicht für längere Zeit alleine zu lassen.

Nierenprobleme sind bei älteren Hunden nichts Unübliches, stellen Sie Ihrem Hund deshalb immer genug frisches Wasser zur Verfügung. Für einen Hund mit steifen Gelenken ist es besser, sein Futter und Wasser in leicht erhöhten Näpfen auf einer verstellbaren Errichtung zu bekommen, da diese leichter zu erreichen sind. Es gibt eigens für diesen Zweck spezielle Halterungen. Die zusätzliche Wasseraufnahme kann übrigens ein Hinweis dar-

Wenn Ihr Hund sich nachts lösen muss und nicht mehr bis zum Morgen warten kann, muss er ein Katzenklo benutzen. Stellen Sie dennoch sicher, dass sich dieses Katzenklo wie hier auf einer Oberfläche befindet, die leicht zu reinigen ist.

auf sein, dass er mehr Ruhepausen benötigt. Achten Sie daher auf Warnsignale, die darauf hinweisen, dass Ihr Hund hinaus möchte und beugen Sie somit Stubenunreinheit im Haus vor.

Nahrung ist für ältere Hunde ein wichtiger Faktor. Steifheit und starke Schmerzen mindern seine Lust auf Bewegung, aber ziemlich oft frisst er die gleiche Futtermenge wie zu Zeiten, als er sich noch mehr bewegt hat – was sehr schnell zu einer Fettleibigkeit führt. Diese wiederum führt zu anderen schmerzhaften Krankheiten wie Arthritis, Diabetes und Herzversagen: Ein übergewichtiger Hund beansprucht seine Muskeln, Gelenke und sein Herz weitaus mehr. Wenn Ihr Hund fettleibig zu sein scheint – zum Beispiel, wenn sich sein Körperumfang verändert und seine Rippen schwieriger zu ertasten sind – sollte zunächst eine Nahrungsumstellung erfolgen. Dabei wird nicht nur die Menge der Nahrung reduziert, sondern auch geeigneteres Futter verwendet. Das heißt nicht, dass man die notwendigen Nährstoffe wie Proteine, Kohlenhydrate, Fette, Vitamine und Mineralien, die eine ausgewogene Ernährung ausmachen, weglässt. Vielmehr sollten sie in einer Form verabreicht werden, welche weniger Kalorien und mehr Ballaststoffe beinhaltet, also ausgewogener und angemessener für das Alter Ihres Hundes ist. Lesen Sie für nähere Informationen auch das Kapitel *Die Ernährung des älteren Hundes*.

Fellpflege und Untersuchungen

Fellpflege und Untersuchungen sollten regelmäßig bei Hunden jeden Alters vorgenommen werden, um sicherzugehen, dass sie in einer optimalen Verfassung bleiben. Dies ist sogar noch unerlässlicher, wenn es um einen alten Hund geht – auch wenn Sie vielleicht durch seine Abneigung dagegen einige Anzeichen eines Kampfes auf Ihren Händen wiederfinden!

Die Haut älterer Hunde ist weniger geschmeidig und das Fell ist trockener. Die Haut neigt eher zur Bildung von Zysten, Geschwüren und anderen Dingen. Führen Sie daher einmal die Woche eine gründliche Untersuchung durch, indem Sie den gesamten Körper auf ungewöhnliche Knoten, Beulen, Schnitte und im Fell verborgene Stacheln oder andere Beschwerden abtasten.

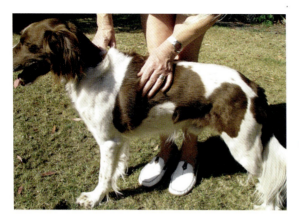

Gewöhnen Sie Ihren Hund an eine regelmäßige Untersuchung seines Körpers auf Hautabschürfungen, Knoten oder Fremdkörper.

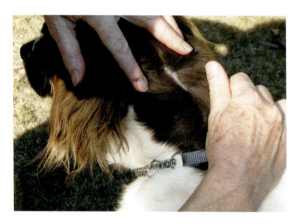

Scheiteln Sie das Fell und untersuchen Sie die Haut auf Flohausscheidungen oder sogar Flöhe, ganz besonders um den Kopf, die Ohren und dem Rutenansatz herum.

Untersuchen Sie den Bereich unter der Rute des Hundes auf Zeichen von Ausfluss, Wunden oder festgetrockneten Ausscheidungen.

Dies ist auch eine gute Methode, um Zecken zu finden, die Hunde immer wieder in den wärmeren Monaten des Jahres aufnehmen. Diese kleinen spinnenartigen Tierchen bohren ihre Köpfe in die Haut des Hundes und saugen deren Blut. Die beste Methode zu ihrer Entfernung ist ein spezieller Zeckenhaken, der das Insekt gänzlich heraushebt. Achten Sie darauf, die Zecke vollständig zu entfernen, da sonst eine Infektion entstehen könnte, wenn Teile davon (meist der Kopf) zurückgelassen werden.

Diese Untersuchung offenbart alles, was ein Tumor sein könnte, und falls Sie etwas Verdächtiges finden, sollten Sie es so bald wie möglich von Ihrem Tierarzt untersuchen lassen.

Bürsten Sie das Fell Ihres Hundes täglich, entfernen Sie dabei vorsichtig alle Knoten und Verfilzungen und schauen Sie, ob sich kleine, dunkle Punkte finden lassen, die auf Flöhe hinweisen könnten. Sie könnten sogar einen Floh sichten, obwohl dies nicht einfach ist, da sie winzig sind und sich schnell fortbewegen. Die kleinen, dunklen Punkte sind in der Tat die Ausscheidungen der Flöhe.

Flohausscheidungen lassen sich nachweisen, indem Sie einen Teil davon auf ein feuchtes, weißes Papiertaschentuch geben: normaler Dreck verändert das Tuch nicht, wohingegen Flohausscheidungen es sich wegen des ausgeschiedenen Blutes im Kot schon bald rötlich verfärben lassen. Lesen Sie das Kapitel *Spezielle Pflege*, um zu erfahren, wie Sie am besten mit Flöhen an Ihrem Hund umgehen.

Das Bürsten des Fells ist normalerweise eine angenehme Erfahrung, die Sie und Ihren Hund verbindet und trägt zusätzlich dazu bei, den Blutfluss zu stimulieren und das Fell durch das Entfernen abgestorbener Haare und Schmutz sowie dem Verteilen der natürlichen Hautöle gesund zu halten. Ein älterer Hund mag ein zu energisches Kämmen oder Bürsten jedoch nicht, seien Sie demnach behutsam, aber dennoch gründlich. Vergessen Sie nicht die Ohren (einschließlich dem Ohrinneren) und die Rute. Ein Fellconditioner hilft dabei, Ihren Hund gesünder aussehen zu lassen. Sie müssen Ihren Hund von Zeit zu Zeit trotzdem baden, benutzen Sie dafür jedoch nur spezielle Hundeshampoos. Achten Sie darauf, dass das Shampoo nicht in die Ohren oder in die Augen gelangt und spülen Sie das Fell gründlich mit warmem, sauberem Wasser aus.

Es gibt bei der Untersuchung und Pflege des Fells noch einige andere Dinge, die Sie tun sollten. Untersuchen Sie zunächst die Augen und achten Sie darauf, dass es keine Probleme wie entzündete Stellen um die Augenlider herum gibt (eine weitere Stelle, an der sich Zecken gerne festsetzen!).

Wischen Sie vorsichtig den »Schlaf« oder andere Ausscheidungen um die Augenwinkel herum mit einem feuchten Tuch oder einem kleinen Stück angefeuchteter Watte weg. Heben Sie die Ohrlappen und schauen Sie in die Ohren hinein. Versichern Sie sich auch hier, dass es keine Schnitte, Entzündungen oder Fremdkörper gibt. Achten Sie auch auf Absonderungen oder schlechte Gerüche aus den Ohren, bei denen eine Untersuchung durch einen Tierarzt erforderlich ist. Entzündungen, Wunden und verkrustete Ausscheidungen könnten zum Beispiel auf eine Mittelohrentzündung hindeuten.

Untersuchen Sie zu guter Letzt das Maul. Reden Sie Ihrem Hund beruhigend zu und legen Sie Ihre Hand um die Schnauze herum und heben Sie beide Seiten der Lefzen hoch, sodass Sie die Zähne überprüfen können, ganz besonders den Bereich, an dem die Zähne das Zahnfleisch berühren. Junge Hunde haben glatte, weiße Zähne, welche mit der Zeit jedoch dunkler werden. Die Zähne eines älteren Hundes können Anzeichen von Zahnbelag oder Zahnstein aufweisen; dieser bildet meist einen weißen, gelben oder braunen Belag auf dem Zahnschmelz. Wenn dieser Belag nur dünn ist, lässt er sich eventuell mithilfe einer Zahnbürste und einer speziellen Hundezahncreme abbürsten,

Nachdem Sie Ihren älteren Hund gebadet haben, lassen Sie ihn überschüssiges Wasser abschütteln, bevor Sie ihn mit trockenen, weichen Handtüchern abreiben.

Reinigen Sie die Stellen um die Augen herum mit einem feuchten, weichen Papiertaschentuch oder einem sauberen Lappen.

Untersuchen Sie das Ohrinnere, um sicherzugehen, dass es sauber, geruchsfrei und gesund aussehend ist.

Heben Sie behutsam die Lefzen an und überprüfen Sie die Zähne.

aber im Falle schwerwiegender Ablagerungen sollte der Tierarzt die Zähne säubern. Zahnbelag führt zu Zahnfleischentzündungen und ist bei älteren Hunden einer der Gründe für übel riechenden Atem. Noch wichtiger ist allerdings, dass Bakterien vom Maul zum Herzen wandern können. Eine gute Zahnpflege ist also entscheidend. Geben Sie Ihrem Hund Markenprodukte wie zahnpflegende Kaustrips oder Rohautknochen, die beim Kauen oder Knabbern die Zähne säubern.

Mit Trockenfutter ernährte Hunde tendieren weniger zu Zahnproblemen, weil Nassfutter dazu neigt, an den Zähnen kleben zu bleiben.

Viele Hunde verspüren nicht viel Lust dazu, ihre Zähne mit einer Zahnbürste und Zahnpasta reinigen zu lassen – insbesondere, wenn sie nicht daran gewohnt sind. Stellen Sie sich also auf Protest ein! Reinigen Sie die Zähne nur behutsam und benutzen Sie eine spezielle Hundezahnpasta, hören Sie aber auf, wenn Ihr Hund sehr aufgebracht oder angespannt ist. Am besten führen Sie das Zähneputzen ein, indem Sie eine kleine Mullbinde um Ihren Zeigefinger wickeln und damit vorsichtig die Zähne mit einer kleinen Menge Zahnpasta, die um die Mullbinde gerieben ist, abzureiben. Gehen Sie langsam und mit schrittweisen Steigerungen vor, damit sich Ihr Hund an diesen Vorgang gewöhnt.

Das Umfeld des älteren Hundes

Genau wie das Fell des älteren Hundes gesund gehalten werden muss, ist es ebenso wichtig, auch auf seine Schlafunterlage zu achten, die vielleicht schneller schmutzig wird als früher. Schmuddeliges »Bettzeug« lässt nicht nur den Hund selbst schlechter riechen, sondern kann auch eine unangenehme Geruchsnote im ganzen Haus verteilen.

Falls Ihr Hund einen festen Kunststoff-Korb mit weicher Einlage hat, waschen Sie diese regelmäßig – zum Beispiel wöchentlich – und legen Sie in der Zwischenzeit Ersatzwäsche in das Bett. Bürsten Sie gleichzeitig Staub und Haare heraus, die sich im Korb angesammelt haben. Waschen und spülen Sie die Einlage vor dem Trocknen gründlich aus. Andere gängige Hundebetten sind wie Sitzsäcke oder »Bean Bags« mit kleinen Kügelchen gefüllt oder bestehen aus einem weichen Randwulst und einer herausnehmbaren Matratze. Üblicherweise kann der äußere Bezug in der Waschmaschine gewaschen werden. Zwischendurch kann das Bett gesaugt werden, um es sauber zu halten. Eine oder auch zwei Decken machen es Ihrem Hund zudem wärmer und behaglicher.

Hunde sind erstaunlich trittsicher. Wenn Ihr Hund allerdings nicht mehr so standfest ist, können Sie ihm helfen, mit dieser Situation umzugehen. Blanke, hochpolierte Böden sind zwangsläufig rutschig. Aus diesem Grund sollte das Polieren eingeschränkt werden. Alternativ können Sie einen kleinen Teppich oder andere nicht rutschende Oberflächen als »Pfad« auslegen. Ihr Hund lernt schnell, dass er am besten diesen Weg nimmt. Viele Hunde mit langem Fell haben üppiges Haar, das um die Pfotenballen herum wächst und das vorsichtig ein bisschen zurückgeschnitten werden kann. So haben die Ballen einen engeren Kontakt zum Boden und geben dem Hund festeren Halt. Achten Sie auch darauf, dass die Krallen nicht zu lang sind.

Ein jüngerer Hund kommt dazu

Wie Ihr älterer Hund auf das Hinzukommen eines jüngeren Hundes in sein Zuhause reagiert, hängt zum Teil vom Hund ab, aber auch davon, wie Sie selbst die Situation gestalten. Es gibt bei solch einem Wagnis Gründe dafür und dagegen: Ein lebhafter, junger Hund wirkt für einen älteren Hund möglicherweise wie ein Lebenselixier und es entsteht eine einzigartige Hundefreundschaft. Umgekehrt können einige ältere Hunde, die an ihren Gewohnheiten festhalten, aufgrund dieses Eingriffs in ihr Leben aber auch sehr aufgebracht sein – zumal dieser ja oft zu einem Zeitpunkt stattfindet, wenn sie am wenigsten tolerant und anpassungsfähig sind. Bringen Sie deshalb einen jüngeren Hund am besten nur dann dazu, wenn Ihr älterer Hund noch relativ dynamisch und in vollem Besitz seiner Fähigkeiten ist.

Wenn Sie einen jüngeren Hund bei sich zuhause aufnehmen möchten, achten Sie darauf, dass der ältere Hund zumindest am Anfang zusätzliche Aufmerksamkeit erhält und mit dem Vorrang behandelt wird, den er verdient. Das heißt unter anderem, dass er zuerst gefüttert wird beziehungsweise nicht mit dem jüngeren Hund um Futter wetteifern muss. Es ist womöglich nötig, beide getrennt zu füttern, bis gewisse Regeln eingeführt worden sind. Während Sie sicherstellen, dass sich Ihr älterer Hund wichtig, geliebt und bestätigt fühlt, ist es genauso wichtig, den jüngeren Hund willkommen zu heißen und dafür zu sorgen, dass er sich heimisch fühlt. Wenn Ihnen das gelingt, sollten sich mit der Zeit beide Hunde in einem glücklichen Verhältnis zueinander wiederfinden. Halten Sie darüber hinaus die schönen Stunden, die Sie alle miteinander verbringen, nicht zu knapp.

Ihr Hund genießt das Spielen mit seinem Spielzeug wahrscheinlich auch in späteren Jahren noch, was die Bewegung und den geistigen Zustand fördert. Ideale Spielsachen sind weiche Bälle, weiche »Quietschespielzeuge«, die auch die Kiefer trainieren und bewegliche Spielzeuge, die gejagt und geschüttelt und für schonende Zerrspiele genutzt werden können.

Bewegung

Auch ein älterer Hund möchte noch immer Bewegung haben. Angemessene Bewegung ist auch grundlegend wichtig, um die Gesundheit des Hundes in jedem Lebensalter zu erhalten. Die Vorteile leichten Fitnesstrainings sind zahlreich und gar nicht so anders als diejenigen, die körperlich aktive Menschen genießen. Dazu gehören unter anderem die Förderung der Muskelspannkraft und das Verhindern von Muskelschwund, aber auch Beweglichkeit der Gelenke, ein gesundes Herz und eine gute Blutzirkulation. Außerdem werden alle Körperorgane positiv unterstützt, der Fettgehalt reduziert, Fettleibigkeit verhindert, Langeweile vorgebeugt und Müdigkeit reduziert. Normalerweise ist es nicht nötig, plötzlich alle Spiele einzustellen, die Ihr Hund bis dahin genossen hat und zu einem ruhigen »Senior-Programm« überzugehen. Wenn Ihr Hund immer noch dazu in der Lage ist, schränken Sie einfach je nach Bedarf die Intensität der Bewegung ein und gleichen Sie diese genau an die sich verändernden Bedürfnisse und Fähigkeiten Ihres Hundes an.

Wenn Ihr Hund sich während des Spaziergangs hinlegt, ist das ein deutliches Zeichen dafür, dass er müde ist. Lassen Sie ihn sich etwas ausruhen, bevor es langsam nach Hause geht und halten Sie dabei für weitere Pausen an, falls er sie braucht.

Goldene Regeln für die Bewegung eines älteren Hundes

- Sprechen Sie mit Ihrem Tierarzt. Achten Sie darauf, dass das Bewegungspensum, das Sie mit Ihrem Hund vorhaben, für sein Alter und seinen Zustand angemessen ist.
- Machen Sie Aufwärmübungen. Bevor Sie schneller oder in anstrengendem Gelände mit ihm losmarschieren, schlendern Sie gemütlich für einige Minuten mit ihm umher. Dies ermöglicht eine bessere Leistung des Hundes und verringert das Risiko einer Muskelverletzung. Manchmal ist eine kleine Massage vor und nach den Übungen von Vorteil.
- Führen Sie die Übungen kurz und regelmäßig durch. Täglich einige kurze Spaziergänge – nicht nur an den Wochenenden – sind besser als eine lange Strecke am Tag. So wird die Beanspruchung auf den Knochen und den Körperorganen Ihres Hundes verringert.
- Stellen Sie Wasser zur Verfügung. Viele ältere Hunde trinken wegen Nierenproblemen viel, aber auch, wenn dies nicht der Fall ist, nehmen Sie am besten immer eine Flasche Wasser und auch einen zusammenklappbaren Trinknapf mit, um einer Austrocknung vorzubeugen.
- Lassen Sie sich vom Befinden Ihres Hundes leiten, wenn er Anzeichen von Ermüdung zeigt. Wenn er zum Beispiel langsam hinterhertrottet, sich für eine Pause hinlegt oder übermäßig hechelt, hat er wahrscheinlich genug.
- Wichtig ist auch, wo und wann Sie spazieren gehen. Versuchen Sie, möglichst viel auf unbefestigten Wegen und Feldern zu gehen, weil dies gelenkschonender ist als Asphalt. Bleiben Sie an heißen Tagen weitestgehend im Schatten. Gehen Sie mit Ihrem Hund nicht immer in die gleiche Richtung um ein Feld herum spazieren: Gehen Sie abwechselnd auch einmal in die andere Richtung. Vermeiden Sie es bei sehr kaltem, heißem oder nassem Wetter allzu lange Spaziergänge. Ein wasserundurchlässiger Mantel hilft, den Körper Ihres Hundes im Winter warmzuhalten. Wenn Sie von einem nassen Spaziergang zurückkehren, reiben Sie das Fell sorgfältig mit einem Handtuch trocken.

Sport für ältere Hunde

Je nach Gesundheitszustand Ihres Hundes gibt es alle erdenklichen Übungen, die helfen, ihn gesund und beweglich zu halten. Die am wenigsten anstrengende dieser Übungen muss kaum mehr sein als ein schonendes, zehn bis fünfzehnminütiges Bummeln, um die Toilettengänge zu verrichten – bereits das hält nicht nur die Muskeln und Gelenke geschmeidig, sondern stellt auch eine geistige Beschäftigung dar. Und natürlich hat Ihr Hund die für uns unbekannte Freude daran, Urinmarken zu beschnüffeln und seine eigenen Duftmarken zu hinterlassen. Wenn Ihr Hund dazu in der Lage ist, verlängern Sie den Rundgang und erhöhen sogar die Geschwindigkeit, um einen stark aeroben Trainingseffekt zu erzielen. Behalten Sie dabei Ihren Hund im Auge und achten Sie auf Anzeichen von Ermüdung. Ein aktiver, älterer Hund, der nicht unter Arthritis oder anderen Dingen leidet, kann zu stärker aerobem Training ermuntert werden, indem Sie in flotterem Tempo gehen oder sogar joggen. Einen Hund mühelos neben uns hertrotten zu sehen, während wir vor uns hinkeuchen, ruft uns immer wieder ins Gedächtnis, wie gut Hunde an das Laufen angepasst sind – und wie untrainiert wir sind!

Diese beiden älteren Hunde genießen das Schwimmen und trainieren dabei ihre Muskeln, ohne ihre Gelenke zu belasten.

Sandstrände sind der ideale Auslauf für ältere Hunde. Der Sand bietet eine geeignete Fläche, auf der es sich hervorragend traben und rennen lässt, und ein bisschen Schwimmen im Meer ist auch eine sehr gute Bewegung für Ihren Hund. Das Paddeln im Wasser hilft dabei, die Muskeln und die dazugehörenden Gelenke zu bewegen, ohne den Rest des Körpers übermäßig zu belasten – in der Tat eine Form der Wassertherapie. Denken Sie aber daran, dass es eventuell starke Strömungen geben kann – lassen Sie also Ihren Hund nicht zu weit hinausschwimmen. Regelmäßige Bewegung am Strand hilft wegen der schmirgelnden Wirkung des Sandes auch, die Krallen gepflegt zu halten. Sie können das Erlebnis für Ihren Hund spannender machen, indem Sie ihm einen Ball oder etwas Ähnliches zum Hinterherjagen werfen. Im Gegensatz dazu sind felsige oder steinige Strände keine guten Plätze für Ihren vierbeinigen Freund – sogar ein gelenkiger, junger Hund rutscht auf nassen Felsen oder Steinen leicht aus. Sollte dies einem älteren Hund passieren, kann er sich schwerwiegende Verletzungen zuziehen.

Anstatt Ihren Hund mit zum Strand zu nehmen, können Sie ihn auch ein Bad in einem speziellen Hunde-Schwimmbecken genießen lassen. Wählen Sie eine Anlage mit einem sachkundigen und qualifizierten Personal, das in der Lage ist, ein speziell auf die Bedürfnisse Ihres Hundes zugeschnittenes Übungsprogramm zu entwerfen. Nutzen Sie das Internet oder die Gelben Seiten, um herauszufinden, wo Sie Ihren Hund zum Schwimmen mitnehmen können (lesen Sie mehr über dieses Thema im Kapitel *Spezielle Pflege*).

Nur weil Ihr Hund jetzt älter ist, muss es kein plötzliches Ende der Spiele geben, die er früher immer gespielt hat. Dennoch ermüdet er nun schneller, sodass die Spiele kürzer werden und er braucht manchmal erst eine kleine Aufmunterung, um sich dafür zu interessieren. Ihr Hund gibt wahrscheinlich die Schnelligkeit und die Häufigkeit der Spiele vor und lässt Sie wissen, wann er für den Moment genug hat. Es liegt aber ebenso an Ihnen, einen Blick auf das Geschehen zu haben und Ihren Hund nicht zu ermüden oder zu überanstrengen.

Agilityübungen sind eine weitere gute Methode, Ihren Hund in Form zu halten und ihn dabei für das, was er tut, zu interessieren. Agility ist für Hunde jeden Alters geeignet und kann auch für ältere Hunde sehr vorteilhaft sein. Ziehen Sie für den Fall, dass Sie es mit Ihrem älteren Hund probieren möchten, aber vorher Ihren Tierarzt zu Rate, denn bei manchen Erkrankungen, wie z.B. Gelenkschäden, kann Agility auch ungeeignet sein. Beim Agility steuert der Hundeführer seinen Hund über Stangen, durch Tunnel, über Hindernisse, um Slalompfosten und so weiter. Es gibt Organisationen und Klubs, die solche Aktivitäten veranstalten. Gerade bei älteren Hunden ist es immer besser, unter Aufsicht eines guten und erfahrenen Trainers damit zu beginnen anstatt sich selbst Hindernisse im Garten aufzubauen, die möglicherweise Verletzungsrisiken beinhalten oder den Hund überfordern. Agility fördert die Koordination und das Gleichgewicht und hält den Körper in Form.

Beim Agility durchläuft Ihr Hund einen Hindernisparcours, der das Laufen durch Tunnel, das Herauf- und Hinunterklettern von Rampen und das Überspringen von Hürden beinhaltet. Lassen Sie Ihren Hund jedoch keinen Parcours laufen, der über seinem Trainingsstand oder seiner Fähigkeit liegt.

Denkspiele

Ein guter Weg, um die Fitness und Gesundheit eines Hundes zu erhalten, ist es, Langeweile und Antriebslosigkeit vorzubeugen. Hunde sind von Natur aus neugierig und verspielt, und selbst wenn Ihr Hund nicht mehr sehr agil ist, können Sie sein Interesse am Leben fördern und zur gleichen Zeit ein wenig Bewegung anregen. Denken Sie sich beispielsweise Spiele aus, in denen Ihr Hund kleine Leckerchen suchen muss. Verstecken Sie diese einfach unter dem Zipfel einer Decke und lassen sie ihn erschnüffeln. Wenn dies zu einfach wird, platzieren Sie die Leckerlis an versteckteren Orten und loben ihn großzügig, wenn er sie findet. Dies ein oder zwei Mal für fünf oder zehn Minuten gibt Ihrem Hund zusätzlich etwas, auf das er sich freut. Für eine anspruchsvollere Variante dieses Spiels können Sie einen speziell hergestellten Plastikball mit Löchern kaufen, den Sie dann mit kleinen Leckerlis füllen. Indem Ihr Hund den Ball mit der Nase anstupst und die Leckerchen darin erschnüffelt, schafft er es vielleicht, sie aus dem Ball herausfallen zu lassen. Andere auf dem Markt erhältliche Spiele für Hunde bestehen aus einem flachen Kasten mit Abdeckungen, die der Hund aufschieben muss, um an das Leckerchen zu gelangen. Wenn Ihr Hund gerne Jagdspiele spielt, werfen Sie ein Spielzeug und verstecken sich dann, sodass er Sie suchen muss, um Ihnen das Spielzeug zu bringen.

Dieser Collie genießt es sichtlich, das Leckerchen aufzustöbern, das unter einer der Verdeckungen versteckt ist. Achten Sie darauf, dass der Kasten auf einer dickeren Unterlage steht, damit er nicht verrutscht.

Massagen vor und nach den Übungen

Genauso wie Sie eine Massage vor der Übung nutzen, um die Muskeln des Hundes aufzuwärmen, können Sie behutsame Massagen auch dazu anwenden, um den Abkühlungsprozess nach den Übungen zu fördern. Vor einer Übung hilft eine Massage, den Blutfluss zu den Muskeln und zum Gewebe anzuregen. Dies erhöht ihre Leistungskraft und reduziert das Risiko einer Verletzung. Beginnen Sie eine »Vorher-Massage« zwanzig Minuten vor einer Aktivität. Nach der Übung trägt die Massage dazu bei, den Körper von Schadstoffen zu befreien, die in den Muskeln und in anderem Gewebe vorhanden sind. Genauso beschleunigt sie das Verheilen leichter Gewebeschäden, die eventuell entstanden sind und entspannt und beruhigt Ihren Hundefreund. Dies ist besonders für einen älteren Hund hilfreich, der eher als jüngere Tiere zu solchen Problemen neigt. Eine sanfte Streicheltechnik als Streichmassage kann vor und nach den Übungen angewendet werden. Wenden Sie diese Techniken, wie soeben bereits erwähnt, jedoch erst an, sobald Ihnen die Anwendung richtig gezeigt wurde, sei es, indem Sie die Anweisungen in einem Fachbuch befolgen oder indem Sie sich die Technik von einem Experten zeigen lassen. Sprechen Sie vor der Anwendung einer Massage mit Ihrem Tierarzt, besonders dann, wenn Ihr Vierbeiner unter einer Erkrankung leidet.

Reisen im Auto

Genauso wie Sie den Ablauf des Hundes zuhause verändern, werden Sie ebenfalls Situationen im Auto anpassen und ändern müssen, sodass Ihr Hund sich während des Reisens wohl fühlt.

Sofern Sie nicht erst vor kurzem einen älteren Hund bekommen haben, ist Ihr Partner das Mitfahren im Auto aller Wahrscheinlichkeit nach von klein auf gewöhnt. Unabhängig davon, ob Ihr Hundebeifahrer ein erfahrener Reisender ist oder nicht, ist eine sichere Fahrt immer zu gewährleisten. Es ist bemerkenswert, dass man immer wieder Autos sieht, deren menschliche Fahrgäste sicher an ihren Plätzen angeschnallt sind, während der Hund auf dem Sitz hinter oder neben ihnen oder ungeschützt im Bereich hinter den Rücksitzen sitzt. Dies ist eine höchst gefährliche Angelegenheit, denn falls das Auto in einen Unfall verwickelt wird oder der Fahrer abrupt bremsen muss, könnte der Hund herumgeworfen werden und möglicherweise sich selber oder anderen Beifahrern schwere Verletzungen zufügen.

Es gibt verschiedene Arten, wie Sie Ihren Hund bequem und sicher im Auto unterbringen. Diese Anforderung gilt natürlich für jeden Hund, aber für einen alten und möglicherweise gebrechlichen Hund ist es besonders wichtig, dass er gut geschützt ist. Wenn Sie einen Kombi oder ein Auto mit einem Schrägheck besitzen, können Sie ein spezielles Auto-Hundegitter oder ein Gitternetz kaufen, welches hinter den Rücksitz passt und verhindert, dass der Hund beim abruptem Abbremsen nach vorne geschleudert wird. Viele Modelle haben eine für zahlreiche Anwendungen passende Universalhalterung, um sie, falls nötig, von einem gleichgroßen Auto in ein anderes anzubringen. Die meisten Gitter haben offene Zwischenräume, sodass sich der Hund nicht von seinem Besitzer isoliert fühlt. Neben den festen Gittern gibt es auch robuste Nylonsicherheitsnetze, um den Fahrgastbereich vom Laderaum zu trennen. Diese sind preiswert und lassen sich normalerweise an den Haltegriffen an der Beifahrertür befestigen. Solche Vorrichtungen verhindern darüber hinaus, dass andere Gegenstände wie Kästen oder Boxen wäh-

Dieser Hund trägt einen speziell für den Gebrauch in Autos hergestellten Gurt. Ihren Hund lediglich festzuhalten oder auf Ihrem Schoß sitzen zu lassen ist kein Ersatz für das Anbringen einer solch angemessenen Sicherheitseinrichtung.

rend eines plötzlichen Bremsens nach vorne geschleudert werden.

Eine andere praktische Lösung ist der Hundereisekäfig oder die Reisebox. Wie die Autogitter sind diese ebenfalls in vielen Größen erhältlich und normalerweise so offen gestaltet, dass der Hund sich nicht eingeengt fühlt. Sie haben einen festen Boden, auf dem sich ein Bett, eine Decke oder Zeitungen auslegen lassen. Einige haben mehrere Türen, eine Hintertür oder zusätzliche Trennwände. Damit sie sich auch in kleineren Kofferräumen unterbringen lassen, sind manche Modelle auf einer Seite angeschrägt, damit sie an die schräge Form der Rücksitze passen. Falls sich Ihr Hund während der Fahrt auf der Rückbank aufhalten soll, ist das Anbringen eines Sicherheitsgurtes die beste Lösung. Dieser besteht meist aus einem verstellbaren, gepolsterten Riemen, der mit schnellspannenden Schnallen um die Schulten und die Brust des Hundes angebracht wird. Der Gurt wird dann an einer der Sitzgurtschnallen im Auto befestigt. Im Falle eines plötzlichen Bremsens hält er Ihren Hund sicher zurück. Manche Hunde brauchen vielleicht etwas Zeit, um sich an den Gurt an ihrem Körper zu gewöhnen, vor allem, wenn sie sonst mehr Freiraum im Auto gewöhnt waren, aber ein älterer, weniger dynamischer Hund akzeptiert diese Einrichtung schneller, besonders dann, wenn ein menschlicher Mitfahrer auf einem der Plätze neben ihm sitzt und ihm während der Fahrt eine Menge Beschwichtigung und Aufmerksamkeit gibt!

Reiseausstattung

Nicht nur die Sicherheit Ihres Hundes, sondern auch sein Wohlbefinden sollte gewährleistet werden. Eine Autofahrt, vor allem eine lange, stellt manchmal eine Geduldsprobe für einen älteren Hund dar. Versuchen Sie daher die Reise für ihn so angenehm wie möglich zu gestalten. Vielleicht möchte er auf seiner Lieblingsdecke, auf einem speziell entwickelten Hundepolster oder sogar auf seinem Bett liegen, falls dafür genug Platz ist – selbst wenn er auf dem Rücksitz reist. Es ist selbstverständlich, dass ein Hund, der sich während der Fahrt im Laderaum aufhält, viel weiches Bettzeug um sich herum hat, damit er sich während der Fahrt keine Prellungen zuzieht. Sie können auch Einwegmatten

Dieser Plastik-Trinknapf hat einen überstehenden Rand, der das Auslaufen von Wasser während der Reise verhindert. Der Rand ist abziehbar, sofern er nicht benötigt wird. Einige Hunde brauchen ein bisschen Zeit, um sich an das Trinken aus einem solchen Napf zu gewöhnen, bekommen aber schon bald den Dreh dafür heraus.

kaufen, die bei einer schwachen Blase Ihres Hundes sowie für das Aufsaugen von aus Trinknäpfen herausgeschwapptem Wasser sehr nützlich sind. Wo wir gerade von Trinknäpfen sprechen: Hunde kippen diese unterwegs nur allzu leicht um, viele scheinen sogar ein Talent dafür zu haben, sich in sie hineinzustellen. Um ein Verschütten zu verhindern, benutzen Sie einen Trinknapf mit einem überstehenden Rand.

Ein weiterer Gegenstand, an den Sie denken sollten, ist ein wasserundurchlässiger Sitzbezug. Dieser wird an den Hintersitz geklemmt und verhindert die Verschmutzung des Sitzstoffes. Junge Hunde sind normalerweise sehr begierig darauf, ins Auto hineinzuspringen – dieses Ereignis wird mit etwas Aufregendem wie einem Spaziergang oder Urlaub in Verbindung gebracht und sie wollen nicht zurückbleiben. Wenn Ihr Hund jedoch älter wird, fällt es ihm schwerer, ins Auto zu gelangen, vor allem, wenn er in den Laderaum springen muss. Er kann es als ebenso schwierig und unangenehm empfinden, aus dem Auto herauszuspringen.

Wenn Ihr Hund diese Bewegungen nicht mehr bewältigen kann, macht ihm das Angst, weil er nicht zurückgelassen werden möchte. Wenn Ihr Hund relativ klein ist, lässt er sich natürlich ziemlich leicht in und aus dem Auto heben. Aber dies ist bei einem Hund von Labradorgröße oder größer nicht immer ein praktisches Vorhaben. Und selbst wenn Sie Ihren Hund hochheben können, so ist es für ihn vermutlich unangenehm. Die einfachste Lösung ist hier, in eine Hunderampe oder Hundetreppe zu investieren, die in vielen Zoofachgeschäften erhältlich ist und die den Zugang in und aus dem Auto viel sicherer und einfacher gestaltet. Eine typische Rampe für einen mittelgroßen Hund ist ungefähr 150 cm lang und ungefähr 48 cm breit. Viele Modelle sind ausziehbar, sodass sie bei Nichtgebrauch zusammenklappbar sind und weniger Platz beanspruchen. Wenn Sie handwerklich begabt sind, können Sie sich auch Ihre eigene Autorampe bauen. Dabei sollten Sie allerdings darauf achten, die Rampe mit einem rutschfesten Material zu belegen, auf dem Ihr Hund nicht ausrutscht und ebenfalls darauf, dass die Rampe an einem Ende genau an das Auto passt.

Manche Ratschläge für das Reisen mit einem älteren Hund treffen ohne weiteres auch auf Hunde jeden Alters zu. Nehmen Sie immer ein Handtuch, Futter, eine Flasche Wasser zum Auffüllen des Trinknapfs und einige Tüten mit, mit denen Sie den Kot wegmachen können, wenn Ihr Hund sich erleichtert. Und seien Sie auch bereit, regelmäßig Ruhepausen zu machen, wenn Ihr älterer Beifahrer dabei ist.

Achten Sie auch darauf, dass Ihr Hund beim Reisen nie der direkten Sonnenhitze ausgesetzt ist, die durch das Fenster kommt.

Diese speziell entwickelte ausziehbare Rampe ermöglicht einem älteren Hund einen leichten Zugang zum Auto. Achten Sie auf die rutschfeste Oberfläche, die sicheren Halt gibt.

Wenn Sie unterwegs eine Pause machen, geben Sie Ihrem Hund die Möglichkeit, ein bisschen umherzugehen und sich für eine Zeit lang gemütlich zu strecken.

Setzen Sie ihn gegebenenfalls auf die andere Seite des Autos oder befestigen Sie eine Sonnenblende am Fenster. Achten Sie auf eine ausreichende Belüftung, aber lassen Sie nicht zu, dass Ihr Hund während der Fahrt seinen Kopf aus dem Fenster hält, selbst wenn er angeschnallt ist. Sie können eine Fenstersicherung einbauen, die noch genügend Luft ins Auto lässt, Ihren Hund allerdings daran hindert, seinen Kopf herauszustrecken. Und lassen Sie einen Hund niemals alleine im Auto, egal welchen Alters und bei welchem Wetter. Abgesehen von dem Risiko, dass man Ihren Hund stehlen könnte, steigen die Temperaturen im

Ein Reiseausstattung für den Hund mit allem Wichtigen für unterwegs.

Auto sehr schnell in tödliche Höhen – selbst wenn die Fenster geöffnet sind – und führen zu einem qualvollen Tod. In manchen Ländern ist es sogar illegal, einen Hund, egal unter welchen Umständen, im Auto zu lassen und eine schwere Geldstrafe erwartet diejenigen, die mit diesem Gesetz in Konflikt geraten.

Urlaub

Um die Urlaubszeit herum ist der eigene Hund immer eine zentrale Überlegung, egal ob Sie ihn mitnehmen oder ob sich jemand während dieser Zeit um ihn kümmern soll. Obwohl Hunde von Natur aus äußerst anpassungsfähige Tiere sind und sich normalerweise problemlos Ihrem Lebensstil anpassen, empfinden sie die Unterbrechung ihres täglichen Ablaufs als ein anstrengendes Erlebnis. Besonders ältere Hunde sind durch das unbekannte Umfeld eines Urlaubsziels oder durch die unter Umständen mehrwöchige Trennung von ihren Besitzern, falls sie diese nicht begleiten können, beunruhigt.

Wenn es machbar ist, ist das Mitnehmen Ihres Hundes oft die beste Variante – und bedeutet wahrscheinlich für Sie als auch für ihn mehr Spaß. So verhindern Sie großen Trennungsschmerz auf beiden Seiten! Das beste Urlaubsziel ist ein gemietetes Ferienhaus oder ein Wohnmobil, das Hunde erlaubt. Eine solche Unterkunft hat manchmal jedoch einen niedrigeren Standard als solche, die als »Keine Haustiere erlaubt« ausgeschrieben sind. Selbst wenn Haustiere in einer Unterkunft gestattet sind, lohnt es sich, die »Hundefreundlichkeit« in der Umgebung zu überprüfen. Sie wollen sicherlich keine weiten Entfernungen zurücklegen, bevor Ihr Hund sich bewegen oder lösen darf, vor allem, wenn es sich um einen älteren Hund handelt. Falls Ihr Hund zum Jagen anderer Tiere neigt, vergewissern Sie sich, dass das Umfeld der Unterkunft nicht von Schafweiden umgeben ist. Es lohnt sich, sich über jede mögliche Schwierigkeit zu erkundigen, die Ihnen einfällt (beispielsweise sehr viele Treppen, die überwunden werden müssen, die Nähe zu vielbefahrenen Straßen und so weiter).

Der Heimtierausweis

Durch die Einführung des sogenannten Heimtierausweises oder EU-Heimtierpasses können Hunde in alle EU-Länder einschließlich neuerdings auch Großbritannien reisen, ohne sich einer Quarantänezeit unterziehen zu müssen. Ihr Hund muss gegen Tollwut geimpft sein und er muss auch, falls noch nicht geschehen, mit einem Mikrochip gekennzeichnet werden. Trotz der Lockerung der Gesetze bezüglich des Reisens mit Haustieren muss man sich gut überlegen, ob man einen älteren Hund mit ins Ausland nimmt. Die lange Reise, um das Ziel zu erreichen – von der vermutlich viel im Auto oder an Bord einer Fähre verbracht wird – genauso wie die Wahrscheinlichkeit, dass ein Land mit sehr viel höheren Temperaturen als im eigenen Land besucht wird, führt wahrscheinlich zu der Entscheidung, den Hund zuhause zu lassen.

Urlaubs-Checkliste

- Liegedecke oder alte Zeitungen
- Wassernapf und ein Vorrat an frischem Wasser
- Rampe oder Treppe (falls nötig)
- Handtuch
- Futter und Leckerchen
- Spielzeuge
- Medizin (falls nötig)
- Bürste und Kamm
- Tüten für Hundeausscheidungen
- Leine und Hundegeschirr
- Mantel
- Erste-Hilfe-Kasten
- Fressnapf

Viele Hotels erlauben gut erzogene Hunde, meistens jedoch gegen Aufpreis. Erkundigen Sie sich vor dem Buchen eines Hotels auch danach, ob Ihr Hund für kurze Zeit alleine im Hotelzimmer bleiben darf, wenn Sie ausgehen. Falls nicht, müssen Sie sich darauf einstellen, den Hund immer mitzunehmen. Dies ist eine wichtige Überlegung, da ein älterer Hund, wenn Sie den ganzen Tag unterwegs sind, vom Umherlaufen sehr müde wird und zudem die Besuche von Restaurants oder anderen Orten erheblich einschränkt. Achten Sie auch darauf, dass an vielen Stränden ganz besonders in den Sommermonaten ein Hundeverbot herrscht. Manche Urlaubsunternehmen sind sogar auf Menschen ausgerichtet, die ihre Hunde mit in Urlaub nehmen möchten und bieten zahlreiche Dienstleistungen an, um das Leben für alle Beteiligten leichter und angenehmer zu gestalten. Solche Unternehmen werben häufig in Zeitungen und im Internet.

Eine andere gute Möglichkeit für einen älteren Hund ist ein Bootsurlaub auf einem Schifffahrtskanal oder einem Fluss. Viele Bootsverleiher gestatten Hunde an Bord ihrer Schiffe – Ihr Hund sitzt dann gemütlich in der Kajüte und beobachtet die an ihm vorbeiziehende Welt. Auslauf gibt es, wenn das Boot anlegt und die Wahrscheinlichkeit ist groß, dass Sie viele Gaststätten in der Nähe des Flusses finden, in denen auch Ihr Hund willkommen ist. Ziehen Sie Ihrem Hund eine Schwimmweste an, wenn Sie sich auf dem Boot befinden und achten Sie darauf, dass er zu jeder Zeit gesichert ist, vor allem wenn das Boot anlegt oder es Kanäle passiert.

Versuchen Sie, auch im Urlaub den täglichen Ablauf Ihres Hundes so gut wie möglich beizubehalten, indem Bewegungsaktivitäten und Fütterung zu den üblichen Zeiten stattfinden. Viele halbwegs sportliche Leute nutzen den Urlaub für eine zusätzliche Bewegung, aber Sie sollten von Ihrem älteren Hund nicht mehr Bewegung erwarten, als er gewöhnt ist – dies erschöpft ihn völlig, verwirrt ihn möglicherweise oder führt zu muskulären oder anderen Problemen. Zwingen Sie Ihren Hund nicht zu längeren Spaziergängen, wenn er unter Hüft- oder anderen Gelenkproblemen leidet. Es ist in jedem Fall vorteilhaft, Ihre Pläne für Spaziergänge mit Ihrem Tierarzt zu besprechen, bevor Sie aufbrechen, so dass er oder sie Ratschläge darüber gibt, was für Ihren vierbeinigen Reisebegleiter angemessen ist.

Unterbringungsmöglichkeiten

Falls Sie sich dazu entscheiden, Ihren Hund nicht mit in Urlaub zu nehmen, sind einige andere Dinge zu berücksichtigen. Viele Leute entscheiden sich dazu, ihren Hund in einer Tierpension unterzubringen. Suchen Sie am besten eine aus, die Ihnen von einem Bekannten weiterempfohlen wurde. Falls Sie keine Empfehlungen haben, schauen Sie in Ihrem örtlichen Telefonbuch nach einer oder zwei Einrichtungen in Ihrer Nähe. Sie sollten die Pension auf jeden Fall vor dem Urlaub besuchen, damit Sie mit den dort angebotenen Dienstleistungen zufrieden sind. Denken Sie auch daran, dass gute Einrichtungen um die übliche Urlaubzeit sehr voll sind, sodass es sich empfiehlt, früh genug zu buchen. Achten Sie auch darauf, dass die Impfungen Ihres Hundes auf dem aktuellen Stand sind. Einige Pflegestätten bestehen vor der Aufnahme des Hundes auch auf einen Nachweis, ob er auf Zwingerhusten untersucht worden ist. Wenn Ihr Hund spezielle Bedürfnisse hat oder sich bestimmten Behandlungen unterzieht (zum Beispiel einer regelmäßigen Tabletteneinnahme), sagen Sie dies dem Personal vor der Buchung. Auf jeden Fall sollten Sie der Pension frühzeitig vor dem Aufenthalt Ihres Hundes eine schriftliche Liste zukommen lassen, die Auskunft über seine Bedürfnisse gibt und die auch demjenigen Betreuer überreicht werden sollte, der den Hund annimmt. Geben Sie einige Kontaktdaten an wie z.B. die eines Verwandten oder eines Freundes sowie den behandelnden Tierarzt. Geben Sie Ihrem Hund seine Lieblingsdecke oder einige Spielzeuge mit, die ihn an Zuhause erinnern.

Obwohl Ihr Hund in einer Hundepension zweifellos gesund und munter aufgehoben ist, bevorzugen Hundebesitzer meist eine »persönlichere« Pflege für ihr Tier – insbesondere für einen älteren Hund. Es ist unter anderem möglich, einen Hundesitter-Service in Anspruch zu nehmen, der Ihr Haustier in Ihrem Haus versorgt. Dies ist normalerweise eine erfahrene, oft schon pensionierte Person, die in der Zeit ihres Urlaubs in Ihrem Haus bleibt, was bedeutet, dass Ihr Hund in seinem gewohnten Umfeld bleiben und seinen täglichen Ablauf beibehalten kann. Stellen Sie auch hier sicher, dass es keine Probleme bezüglich einer speziellen Pflege gibt, auf die Ihr Hund angewiesen ist und auch, dass der Hundebetreuer genaue Informationen darüber hat, wie er sich um Ihren Hund kümmern soll. Dazu gehören Informationen über die Ernährung sowie den Zeitpunkt für Leckerchen und Spaziergänge.

Eine andere beliebte Variante ist, dass erfahrende Hundepfleger einen oder mehrere Hunde in ihrem eigenen Haus aufnehmen, während Sie fort sind. Überprüfen Sie immer die Versicherung, den Berechtigungsnachweis und Empfehlungen dieser Anbieter, bevor Sie buchen. Bedenken Sie auch, dass die Pfleger immer nur eine bestimmte Anzahl an Hunden zur gleichen Zeit aufnehmen. Lassen Sie sich daher mit dem Buchen nicht allzu lange Zeit. Sie stellen schnell fest, dass solche Dienstleistungen zwangsläufig teurer sind als herkömmliche Tierpensionen. Sie haben jedoch den Vorteil, dass Ihr vierbeiniger Freund dort in der Regel mehr Aufmerksamkeit als in einer Pflegestätte erhält.

Ernährung des älteren Hundes

Einer der Hauptaspekte, die heutzutage maßgeblich zu einem längeren Hundeleben beitragen, ist ein weitaus besseres Verständnis ihrer Ernährungsbedürfnisse. Zusätzlich zum allgemeinem Hundefutter gibt es eine an die verschiedenen Altersstufen angepasste Ernährung, die den Bedürfnissen junger und alter Hunde gerecht wird. Futter für ältere oder sehr alte Hunde ist fast überall erhältlich und es wird empfohlen, kürzer lebende Hunderassen ab einem Alter von sechs Jahren und die meisten anderen Hunde ab dem siebten Lebensjahr auf diese Ernährung umzustellen.

Dieses Futter ist so zusammengestellt, dass es den veränderten Bedürfnissen in diesem Lebensabschnitt gerecht wird und darf nicht mit speziellen, vom Tierarzt verordneten Diätfuttern bei Nierenerkrankungen etc. verwechselt werden. Futter für ältere Hunde beinhaltet leicht verdauliches Protein und verschiedene Inhaltsstoffe wie Vitamin E, welches nachweislich das

Ein fit aussehender acht Jahre alter Springer Spaniel-Mix. Obwohl er kastriert ist, haben eine sorgfältige Ernährung und genügend Bewegung das Gewicht des Hundes auf dem richtigen Niveau gehalten.

Immunsystem stärkt. Solches Futter enthält auch beträchtlich weniger Kalorien als herkömmliches Futter, denn ältere Hunde nehmen während des Alterns eher zu. Dies kann mehrere Ursachen haben. Erstens beeinträchtigt das Kastrieren den Stoffwechsel. Sofern die Nahrungsaufnahme nicht reduziert wird, nimmt ein Hund nach der Operation an Gewicht zu. Zweitens werden ältere Hunde mit dem Alter zudem weniger beweglich, wenn sie unter Gelenkproblemen leiden und wenn sie die gleiche Anzahl an Kalorien aufnehmen, resultiert dies in einer ungewollten Gewichtszunahme. Das ist der Anfang eines Teufelskreises, bei dem der Hund, wenn er an Gewicht zunimmt, zunehmend inaktiver wird, was wiederum zu einer Gewichtszunahme führt. Eine Gewichtszunahme erhöht die Beanspruchung der älteren Gelenke, sodass die Bewegung schmerzhafter wird und das Problem wiederum verschärft.

Maßnahmen ergreifen

Beim Älterwerden eines Hundes kommt es nicht nur auf die richtige Ernährung an, sondern ebenso auf eine sorgfältige Kontrolle des Gewichts. Dazu eignet sich eine Badezimmerwaage. Wenn Sie einen kleinen Hund haben, bringen Sie ihn dazu, still auf der Waage zu sitzen und notieren Sie sich dann sein Gewicht. Einen größeren Hund müssen Sie jedoch wahrscheinlich hochheben und sich beide gemeinsam wiegen, bevor Sie dann Ihr eigenes Gewicht vom Gesamtgewicht abziehen. Wiegen Sie Ihren Hund immer früh morgens, bevor Sie ihn füttern und notieren Sie sich Anmerkungen über das Körpergewicht in etwas wie einem Tagebuch, das Sie schnell einsehen können. Machen Sie dies alle zwei Wochen, um sich ein genaues Bild davon zu machen, ob Ihr Hund an Gewicht zunimmt oder nicht. Es ist wesentlich einfacher, dagegen anzugehen, bevor Ihr Hundefreund ernsthaft übergewichtig ist.

Das Durchschnittsgewicht für Rassehunde ist normalerweise in den Rassestandards vorgeschrieben und deshalb leicht nachzuschlagen. Bei größeren Rassen sind Rüden etwas größer und schwerer als Hündinnen. Aber auch bei Mischlingen können Sie anhand bestimmter Anzeichen feststellen, ob Ihr Hund übergewichtig ist oder nicht. Das eindeutigste davon sind die Rippen.

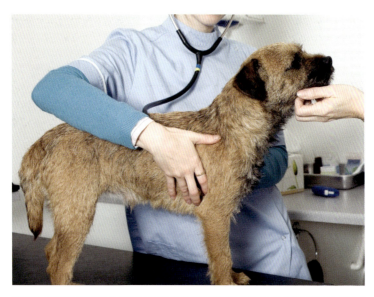

Ein Tierarzt überprüft die Rippen eines Border Terriers. Falls sich die Rippen überhaupt nicht mehr ertasten lassen, ist Ihr Hund stark übergewichtig.

Diese Tierarztwaage zeigt das Hundegewicht sehr genau an.

Diese sollten leicht ertastbar sein, wenn Sie mit der Hand an dem Körper Ihres Hundes entlangstreichen (auch wenn dies bei Hunden mit langem Fell schwieriger ist).

Wenn Sie vermuten, dass Ihr Hund zu dick ist, fragen Sie Ihren Tierarzt um Rat. Viele Praxen können Ihnen heutzutage einen speziellen Diät-Plan zusammenstellen, der individuell an die Bedürfnisse Ihres Hundes angepasst ist. Diesen zu befolgen kann einigen Willen Ihrerseits kosten, besonders, wenn Ihr Hund es gewohnt war, regelmäßig Leckerbissen zu bekommen, denn diese sind ab sofort gestrichen. Führen Sie sich vor Augen, dass es zu einer Verschlimmerung zugrundeliegender Erkrankungen wie zum Beispiel Herzschwäche führt und damit das Leben des Hundes verkürzt, wenn Sie nichts gegen das Übergewicht unternehmen. Darüber hinaus büßt ein übergewichtiger Hund zweifellos auch an Lebensqualität ein.

Wenn Ihr Hund ernsthaft übergewichtig ist, reicht ein »Seniorfutter« allein vermutlich nicht aus, um das Problem zu beheben. Unter diesen Umständen empfiehlt Ihr Tierarzt Ihnen wahrscheinlich die Umstellung zu einem speziellen Diätfutter, das eine wirksamere Gewichtsabnahme fördert. Mittlerweile gibt es sogar eine von Tierärzten zu verordnende Abnehmpille für Hunde, die in manchen Fällen von Vorteil sein kann.

Dieser ältere Hund ist eindeutig übergewichtig, was durch den Vergleich seiner Körperform mit dem mittleren Bild auf der nächsten Seite deutlich wird.

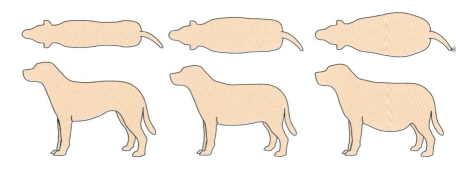

Seiten- und Draufsichtabbildungen eines Hundes mit normalem Körpergewicht (links), Übergewicht (Mitte) und starker Fettleibigkeit (rechts). Sofern es keine besonderen Gründe dafür gibt, sollte eine Neigung zur Fettleibigkeit oder zum Übergewicht behandelt werden, da diese nachteilig für die Gesundheit des Hundes ist.

Nierenerkrankungen

Mit zunehmendem Alter nimmt die Fähigkeit der Nieren zur Konzentration des Urins ab. Der Tierarzt empfiehlt dann eine bestimmte Nierendiät, die die schlimmsten Folgen dieses Problems behebt. Eine spezielle Nierendiät enthält weniger und leichter verdauliches Protein als normales Futter und trägt dazu bei, die Verschlechterung einzudämmen, die mit dieser degenerativen Erkrankung einhergeht. Ein Futter dieser Sorte enthält Ergänzungsmittel der sogenannten »wasserlöslichen«-Vitamine – Bestandteile der Vitamin B Gruppe (notwendig für den Stoffwechsel des Körpers) und Vitamin-C. Dies ist wichtig, weil diese lebenswichtigen Vitamine aufgrund der erhöhten Urinmenge bei Nierenerkrankungen in größeren Mengen als normal ausgeschieden werden, wodurch Mangelzustände entstehen können.

Der Mineralhaushalt wird im Falle eines chronischen Nierenversagens ebenfalls beeinträchtigt, wobei in der Folge die Fähigkeit des Körpers zur Aufnahme von Kalzium aus der Nahrung beeinträchtigt wird. Eine Verringerung dieses lebenswichtigen Bestandteils der Knochen ist vor allem über einen längeren Zeitraum gefährlich und führt zu einer Schwächung des Skeletts sowie zu einer gefährlichen Erhöhung des Phosphorgehalts im Blut.

Spezielle Nierendiätfutter sind mit zusätzlichem Kalzium angereichert und haben einen niedrigeren Phosphorgehalt als normale Futter. Wenn Sie das Futter Ihres Hundes selbst zubereiten, fragen Sie Ihren Tierarzt um Rat, ob mit dem Älterwerden Ihres Hundes weitere Ergänzungen von Vitaminen und Kalzium nötig werden. Im Zweifelsfall gibt ein großes Blutbild genauen Aufschluss darüber, wie es mit der Nährstoffversorgung des Hundes aussieht und ob bestimmte Vitamine oder Nährstoffe gezielt zugeführt werden müssen.

Vielleicht kann auch eine Umstellung von Trocken- auf Nassfutter sinnvoll sein. Obwohl Trockenfutter für die Zähne des Hundes gesund ist (siehe *Krankheiten und der ältere Hund*, Seite 78) ist es in vielen Fällen weniger schmackhaft als Futter aus Dosen oder Beuteln, das aufgrund seines höheren Wassergehalts als »Nassfutter« bezeichnet wird. Dies ist eine wichtige Überlegung, da zunehmendes Nierenversagen den Appetit beeinträchtigt.

Ältere Hunde leiden auch eher unter Verstopfung. Dem kann größtenteils vorgebeugt werden, indem man gegebenenfalls eine teelöffelgroße (5ml) Menge flüssigen Paraffins (in der Apotheke erhältlich) ins Futter mischt. Ersatzweise tut es auch eine Handvoll Weizenkleie, die regelmäßig dem Futter beigemischt wird. Blähungen stellen da schon eher ein Problem dar.

Nahrungsergänzungsmittel für die Gelenke

Alte Hunde neigen zur Steifigkeit der Gelenke, die häufig mit starken Schmerzen verbunden ist. Die Auswirkungen sind die gleichen wie bei Hunden, die unter HD leiden oder übergewichtig sind. Die Folgen dieser als Arthrose bezeichneten degenerativen Erkrankungen lassen sich einerseits lindern, indem der Hund im Fall von Übergewicht abnimmt und indem man ihm andererseits spezielle Zusatzstoffe füttert. Der Hauptbestandteil solcher Zusätze ist Glucosamin, das meist mit anderen Bestandteilen wie Chondroitin kombiniert wird. Glucosamin stellt die geschädigten Knorpel innerhalb des Gelenks wieder her, während Chondroitin weiteren Schäden vorbeugt und die Bildung von Gelenkflüssigkeit unterstützt.

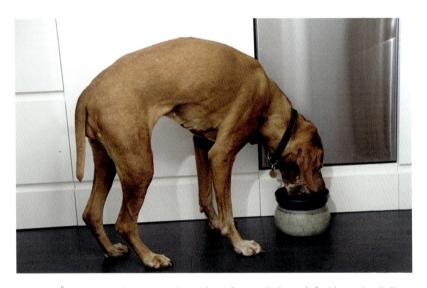

Ältere Hunde, besonders die größerer Rassen, haben oft Probleme damit, ihren Napf bequem zu erreichen. In solchen Fällen lässt sich der Napf, wie hier gezeigt, erhöhen.

Mit einer verstellbaren Halterung lässt sich der Napf für jeden Hund auf genau die richtige Höhe fixieren und ermöglicht ein angenehmes Fressen und Trinken.

Dieses Zusammenspiel verbessert die allgemeine Funktionstüchtigkeit der Gelenke, gibt ihnen eine größere Beweglichkeit und macht die Bewegung für den Hund weniger schmerzhaft. Ein weiterer häufiger Inhaltsstoff solcher Produkte ist MSM (Methylsulfonylmethan), das entzündungshemmend wirkt und die Gelenkbeweglichkeit verbessert.

Fragen Sie Ihren Tierarzt, ob ein Ergänzungsstoff für die Gelenke für Ihren Hund ratsam ist. Verwenden Sie immer nur Produkte, die speziell für Hunde und nicht für Menschen oder für andere Tiere wie etwa Pferde hergestellt sind. Es dauert womöglich vier bis sechs Wochen, bis eine erkennbare Verbesserung eintritt, erwarten Sie also keinen sofortigen Erfolg. Wenn es wirkt, trägt es maßgeblich zu einer besseren Lebensqualität Ihres Hundes bei. In diesem Fall können Sie sogar die Medikamente für die schmerzenden Gelenke Ihres Hundes reduzieren oder gänzlich darauf verzichten. Ihr Tierarzt rät Ihnen möglicherweise auch zu einer Reihe von Injektionen, die von Beginn an eine schnellere Wirkung erwarten lassen und dann zur anschließenden Gabe eines angemessenen Ergänzungsmittels, das die Gelenkfunktion aufrechterhält.

Inzwischen gibt es eine Reihe hochwertiger Ergänzungsfutterprodukte auf dem Markt, die die Gelenkfunktion unterstützen können.

Futterallergien

Futterallergien können in jedem Lebensalter auftreten und sind bei älteren Hunden nicht unüblich, aber schwer festzustellen. Die Auswirkungen sind unterschiedlich und reichen von einer juckenden Haut über Hautausschlag bis hin zu Verdauungsproblemen. Manche Rassen wie zum Beispiel der Dobermann sind für diese Probleme anfälliger als andere. An erster Stelle ist es wichtig, auseinanderzuhalten, ob der Hund eine Nahrungsmittelallergie hat, die sich auf die Haut auswirkt, oder eine Umweltallergie, die zum Beispiel mit dem Waschpulver zusammenhängen könnte, mit dem seine Liegedecke gewaschen wird.

Bei einer Nahrungsmittelallergie müssen Sie zunächst die Proteinquelle, die der Hund bis jetzt gefressen hat, weglassen. Das kann zum Beispiel heißen, dass Sie kein Rindfleisch mehr füttern dürfen und dieses durch eine andere Proteinquelle wie Ente oder Wild ersetzen müssen, die Ihr Hund bis dahin noch nie gefressen hat. Wenn sich der Zustand Ihres Hundes nach ungefähr drei Monaten verbessert, hat er sehr wahrscheinlich vorher an einer Allergie gegenüber dem im Rindfleisch enthaltenen Protein gelitten. Es muss jedoch nicht unbedingt allein der Fleischanteil im Futter ausschlaggebend sein, sondern auch die Kohlenhydrate im Weizen können Allergien auslösen. In diesem Fall sollte der Weizen durch Reis oder Gerste ersetzt werden. Aber da jeder mögliche allergische Bestandteil wiederum ersetzt werden muss, kann das Aufspüren der Ursache ein langwieriger Prozess werden.

Früher bedeutete das Austesten des Futters auf diesem Weg, dass man selbst für seinen Hund kochen musste. Heute gibt es jedoch fertige, speziell entwickelte und abgeglichene hypoallergene Ausschluss-Diäten. Diese erleichtern die Bestimmung des verantwortlichen Allergens und fördern die Erholung Ihres Hundes. Wenn Sie eine vermutete Futtermittelallergie untersuchen, es ist sehr wichtig, Ihren Hund am Fressen von irgendetwas anderem zu hindern, weil schon alleine ein paar Leckerchen das Ergebnis beeinflussen können.

Leberdiäten

Genau wie die Nieren lässt auch die Leber eines älteren Hundes nach. Die Leber ist eines der Hauptorgane des Körpers, da sie am Nahrungsstoffwechsel und dem Abbau von Giftstoffen beteiligt ist. Außerdem sorgt sie für die Erhaltung des Hormongleichgewichts im Körper sowie für die Blutgerinnung.

Mit einer sorgfältig abgestimmten Ernährung kann die Funktionsfähigkeit der Leber länger erhalten werden. Im Grunde genommen geht es darum, über eine Reduzierung des Proteingehalts im Futter dafür zu sorgen, dass die Leber keiner zu hohen Menge Ammoniak ausgesetzt ist, das sie normalerweise aufspalten und im Blut neutralisieren würde. Im Falle eines unerkannten Leberversagens reichert sich Ammoniak im Blut an. Dies beeinflusst letztendlich das Verhalten des Hundes und führt zu übermäßigem Speichelfluss, Zittern und als typischstem Symptom dazu, dass der Hund seinen Kopf gegen alle möglichen Gegenstände wie Wände oder Stühle drückt.

Ernährungen, die einem Leberversagen entgegenwirken sollen, enthalten meist Mehrfachzucker. Ihre Verdauung dauert länger als die von Einfachzuckern, sodass die Aufnahme von Glukose vom Darm zur Leber über einen längeren Zeitraum als üblich stattfindet und die Leber folglich nicht so viel arbeiten muss. Solche Spezialfutter enthalten außerdem Zink, das eine entscheidende Rolle für den Abbau des Ammoniaks im Blut spielt. Ein zusätzlicher Rohfaseranteil hilft, Ammoniak zu binden, bevor es vom Körper aufgenommen wird. Antioxidantien wie Vitamin C und E sowie Taurin, die dazu beitragen, die Funktionsfähigkeit der Leber zu schützen und hoffentlich wiederherzustellen, sind ebenfalls in diesen speziellen Futtersorten enthalten.

Tierärztliche Betreuung

Regelmäßige Gesundheitschecks werden mit dem Alterungsprozesses Ihres Hundes zunehmend wichtiger. Lassen Sie sich von Ihrem Tierarzt zum richtigen Abstand beraten, in der Regel sind aber etwa drei bis vier Tierarztbesuche pro Jahr ratsam. Regelmäßigere Besuche sind notwendig, wenn Ihr Hund unter etwas leidet, was regelmäßig medizinischer Behandlung bedarf. Nur so kann der Krankheitsverlauf kontrolliert werden. Wenn mehrere Tierärzte in der Praxis arbeiten, versuchen Sie den Termin möglichst so zu vereinbaren, dass immer der gleiche Arzt Ihren Hund sieht. Dies macht eine einheitlichere Beurteilung seines Zustands einfacher und ist besonders bei länger andauernden Behandlungen hilfreich.

Die regelmäßigen Schutzimpfungen müssen unbedingt beibehalten werden, damit eine zufällige Begegnung mit einem infizierten Hund kein Ansteckungsrisiko bedeutet.

Impfungen und Untersuchungen

Ältere Hunde müssen ihre Auffrischungsimpfungen genauso beibehalten wie in jüngeren Jahren. Ein Schutz ist in diesem Alter noch viel wichtiger. Einfach, weil das Immunsystem jetzt nicht mehr so effektiv arbeitet und einen älteren Hund für gefährliche Infektionen anfällig macht, die jederzeit zuschlagen können.

Hier gibt der Tierarzt eine Auffrischungsimpfung in das Genick.

Impfungen schützen gegen möglicherweise tödliche Hundekrankheiten: Staupe, Leptospirose, Parvovirose oder Adenovirose können bei Hunden jeden Alters zum Tod führen – nicht nur bei Welpen. Obwohl diese Impfungen üblicherweise jährlich aufgefrischt werden, existiert auch die (von manchen Tierärzten geteilte) Meinung, dass jährliche Impfungen nicht notwendig sind und dass besonders für einige dieser Krankheiten alle zwei bis drei Jahre ausreichen. Sprechen Sie mit Ihrem Tierarzt darüber und suchen Sie die richtige Alternative für Ihren Hund aus.

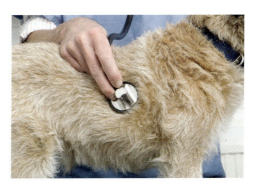

Das Abhören des Herzens hilft bei der Feststellung von Anomalitäten wie zum Beispiel Herzgeräuschen. Um die Ursache des Problems herauszufinden, sind weitere Tests vonnöten.

Falls Sie Ihren Hund früher, als er noch jünger und lebhafter war, immer mit in Urlaub genommen haben und Sie sich jetzt überlegen, ihn stattdessen in eine Tierpension zu geben, sollten Sie sich über eine höchst ansteckende Atemwegserkrankung namens »Zwingerhusten« oder ansteckende Tracheobronchitis informieren. Es gibt für diese Krankheit keine alleinige Ursache, obwohl eine Vielfalt an Mikroben, besonders der Hundeadenovirus Typ II und das als Bordetella Bronchiseptica bekannte Bakterium bei dieser Krankheit mit einer Inkubationszeit von bis zu zehn Tagen nachgewiesen werden. Das offensichtlichste Syndrom ist ein trockener Husten, dem ein Würgen sowie ein Appetitverlust folgen.

In vielen Fällen verschwindet der Zwingerhusten nach ungefähr fünf Tagen von selbst. Aber selbst dann, und besonders, wenn Sie einen älteren Hund besitzen, sollten Sie Ihren Tierarzt aufsuchen, ansonsten besteht das Risiko einer nachfolgenden Lungenentzündung, die ein älterer Hund nicht mehr so wirksam bekämpen kann.

Zu den Symptomen einer Lungenentzündung gehören eine erhöhte Temperatur, oftmals gefolgt von einem Ausfluss aus der Nase. Eine Lungenentzündung ist eine schwere, ernstzunehmende Erkrankung und macht deutlich, wie wichtig Schutzimpfungen gegen Zwingerhusten sind, falls Sie Ihren Hund in eine Pension geben möchten. Selbst wenn die Krankheit nicht tödlich verlaufen sollte, ist sie für den Hund sehr unangenehm. Neben dem injizierbaren Impfstoff gibt es auch einen, der nur in die Nasenlöcher des Hundes geträufelt wird.

Ihr Tierarzt kann viel zur Kontrolle des Gesundheitszustandes Ihres Hundes beitragen. So spürt er zum Beispiel mit dem Abhören des Herzens jede bedeutsame Abnormalität auf und rät in diesem Fall zu einer weiteren Untersuchung dieses lebenswichtigen Organs mit Hilfe eines Elektrokardiogramms. Ein Bluttest ist wichtig, um verschiedene Krankheiten aufzuspüren und zu überwachen. Auch ein einfacher Urintest offenbart sehr viel und deckt mögliche Krankheiten wie Diabetes Mellitus auf oder gibt einen Hinweis auf die Nierenfunktion (siehe auch das Kapitel *Krankheiten und der ältere Hund*). Wenn irgendeine Auffälligkeit auftritt, werden, wie bereits erwähnt, Folgetests durchgeführt.

Eine Harnprobe nehmen

Möglicherweise werden Sie vom Tierarzt gebeten, eine Harnprobe Ihres Hundes mitzubringen. Spülen Sie den Behälter, der für die Urinaufnahme genutzt werden soll, vor dem Gebrauch gründlich aus. Marmeladengläser können problematisch sein, falls zuckrige Rückstände im Glas oder im Deckel haften geblieben sind. Die beste Lösung ist, das Glas mit einer Bürste zu reinigen und dann in der Spülmaschine zu waschen, um sicherzugehen, dass es wirklich sauber ist. Es ist wichtig, dass Sie das Ergebnis nicht verfälschen!

An eine Harnprobe zu kommen, kann schwierig sein, besonders bei Hündinnen oder älteren Rüden, die sich beim Urinieren hocken, anstatt das Bein zu heben. Ein flacher Plastikbehälter wie zum Beispiel ein sauberer, ausreichend großer Pflanzenuntersetzer oder ein flacher Teller sind sehr praktisch, um eine Probe aufzusammeln. Ein Paar Einmalhandschuhe sind ebenfalls nützlich. Beobachten Sie Ihren Hund genau und schieben Sie den Behälter dann im richtigen Moment hinter die Hinterbeine. Seien Sie vorsichtig, dass Sie den Hund dabei nicht erschrecken. Bei einem Rüden sammeln Sie die Urinprobe am besten direkt im Marmeladenglas, wenn er das Bein hebt. Ein gutes Hilfsgerät ist auch eine an einem Besenstiel befestigte Suppenkelle.

Die beste Zeit, eine Probe zu nehmen ist morgens, wenn Sie Ihren Hund das erste Mal herauslassen, weil seine Blase dann vermutlich voll ist. Falls es Ihnen nicht gelingen sollte, die Probe direkt zu Beginn zu nehmen, gehen Sie mit dem Hund spazieren: Besonders Rüden markieren Bäume und Straßenlaternen mit ihrem Duft, sodass es dann noch möglich ist, etwas Urin zu bekommen.

Es ist ein weitverbreitetes Missverständnis, dass für Tests eine große Menge Urin benötigt wird – Sie brauchen gewiss kein ganzes Marmeladenglas voll. In manchen Fällen ist weniger als ein Teelöffel schon völlig ausreichend – fragen Sie Ihren Tierarzt, wie viel er benötigt. Vergessen Sie nicht, den Behälter mit dem Namen Ihres Hundes und Ihrem eigenen Namen zu beschriften, am besten mit einem wasserfesten Stift. So ist die Probe eindeutig zuzuordnen, sobald Sie sie Ihrem Tierarzt überreicht haben.

Eine speziell für das Aufnehmen von Harnproben hergestellte Kelle sowie eine Harnprobenflasche. Der Flasche ist ein Teststreifen beigefügt. Die Farbe, die dieser annimmt, wird mit der Referenztabelle verglichen, um Faktoren wie den Zuckergehalt im Urin festzustellen.

Gewichtskontrolle

Hunde werden mit zunehmenden Alter weniger aktiv. Leider behalten sie dabei jedoch ihren Appetit bei, und dieses Zusammenspiel eines Bewegungsmangels mit einer mehr als benötigten Kalorienaufnahme führt schnell zu einer Gewichtszunahme. Die Situation ist bei kastrierten Hunden sogar noch schlimmer, weil diese Operation ihren Stoffwechsel ändert und sie dadurch zu einer Gewichtszunahme neigen, sofern ihre Nahrungsaufnahme nicht reduziert wird und sie nicht zu regelmäßiger Bewegung ermutigt werden. Fettleibigkeit ist sehr heimtückisch für einen Hund – dadurch, dass Sie Ihren Hund jeden Tag sehen, ist sie schwer wahrzunehmen, besonders, wenn er nicht regelmäßig gewogen wird.

Das Kapitel *Ernährung des älteren Hundes* beschreibt, wie man einschätzt, ob ein Hund übergewichtig ist oder nicht, genauso wie Maßnahmen, um das Gewicht auf dem richtigen Level zu halten. Es ist relativ einfach, das Optimalgewicht für die meisten reinrassigen Hunde zu erfahren, weil es im jeweiligen Rassestandard festgelegt ist. Fragen Sie im Falle von Mischlingen Ihren Tierarzt, um zu erfahren, ob Ihr Hund übergewichtig ist oder nicht.

Die meisten Praxen haben inzwischen regelrechte Abnehm-Programme für Hunde und andere Haustiere. Nutzen Sie also sol-

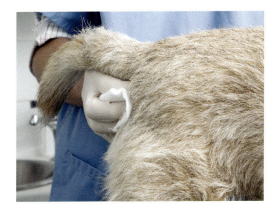

Ihr Hund kann unter verstopften Analdrüsen leiden. Diese Beschwerden führen dazu, dass er mit dem Hintern über den Boden »rutscht« oder Probleme beim Kotabsatz hat. Um dieses Problem zu lindern, leert Ihr Tierarzt die Analdrüsen mit der Hand.

che Möglichkeiten zu Ihrem Vorteil. Lassen Sie Ihren Hund auf zugrundeliegende Gesundheitsprobleme untersuchen, damit diese nicht das Abnehmprogramm beeinträchtigen, weil seine Bewegungsmöglichkeit eingeschränkt ist. Es ist dann möglich, einen Abnehm-Plan zu erstellen, der speziell auf die individuellen Bedürfnisse Ihres Hundes zugeschnitten ist. Setzen Sie diesen dann mit der Gewissheit in die Tat um, dass Sie den richtigen Weg verfolgen. Seien Sie aber dennoch geduldig, denn es ist wesentlich schwieriger, einem älteren Hund beim Abnehmen zu helfen, als einem jüngeren. Trotzdem trägt ein Erfolg maßgeblich zu einer besseren Lebensqualität Ihres Hundes bei und verlängert hoffentlich sein Leben. Tierarztpraxen bieten auch noch weitere Dienstleistungen an oder verweisen Sie an Experten, die Sie bei der Gewichtskontrolle Ihres Hundes unterstützen können. Eine der wichtigsten Behandlungen ist wahrscheinlich die Wassertherapie (Lesen Sie das Kapitel *Spezielle Pflege*, Seite 95). Dies bietet älteren Hunden eine hervorragende Möglichkeit zur Bewegung. Somit bleiben sie, selbst, wenn sie unter einer Behinderung leiden, körperlich fit.

Scheint Ihr Hund andererseits plötzlich und unerwartet an Gewicht zu verlieren, konsultieren Sie Ihren Tierarzt, denn dies könnte ein Problem darstellen, das weiterer Untersuchungen bedarf. Es ist wirklich wichtig, das Gewicht Ihres Hundes etwa alle zwei Wochen zu protokollieren, damit Sie jegliches Zu- oder Abnehmen frühzeitig erkennen.

Krankheiten und der ältere Hund

In die Jahre gekommene Hunde sind nicht nur anfälliger für bestimmte Krankheiten, von denen manche in bestimmten Rassen eher auftreten als in anderen, sondern sie beginnen auch Anzeichen körperlicher Abnutzung zu zeigen. Sie sind nicht unbedingt Ausdruck einer bestimmten Krankheit, sondern einfach altersbedingter Verschleiß. Eines von diesen ist das Ergrauen des Fells im Gesicht und um die Schnauze, was sehr deutlich bei Hunden mit dunklem Fell zu erkennen ist. Das andere ist die Bildung von Zahnbelag oder Zahnstein, die sich auf den Zähnen bilden.

Zahnpflege

Selbst wenn die Zähne Ihres Hundes regelmäßig geputzt werden, bilden sich im Laufe der Zeit Zahnsteinablagerungen. Zahnstein enthält Bakterien, und wo solche Ablagerungen mit dem Zahnfleisch in Berührung kommen, verursachen sie Entzündun-

Manche Rassen sind anfälliger für Zahnprobleme als andere. Kleinpudel scheinen dafür besonders prädestiniert zu sein.

gen, die man auch als Gingivitis bezeichnet. Mit der Zeit kommt es zu einer Rückbildung des Zahnfleisches, die die betroffenen Zähne schwächt, bis diese so locker werden, dass sie ausfallen. Typische Symptome dafür ist ein übler Mundgeruch oder »Halitosis« (obwohl dieser auch Anzeichen einer anderer Erkrankung, wie zum Beispiel Nierenversagen sein kann), speicheln und Appetitmangel.

Eventuell reibt der Hund auch sein Maul an seinen Pfoten, um den Schmerz und die Reizung zu lindern. Die Haare unterhalb der Lefzen können Zeichen von Verfärbung und Verfilzung aufweisen, während der Hund zunehmend den Appetit verliert. Wenn sich das Zahnfleisch entzündet, gelangen Bakterien leichter an die Zahnwurzel, was zur Bildung von Abszessen führt.

Die besten vorbeugenden Maßnahmen sind die Reinigung der Zähne und die Entfernung von Zahnstein, um jegliche Ablagerungen zu entfernen. Ein Tierarzt führt dies normalerweise mit Beruhigungsmitteln oder sogar mit einer Vollnarkose durch, da sich viele Hunde gegen diese Behandlung sträuben. Seien Sie sich bewusst, dass eine Narkose, besonders für einen älteren Hund, immer auch ein Risiko mit sich bringt. Ihr Tierarzt berücksichtigt dies allerdings.

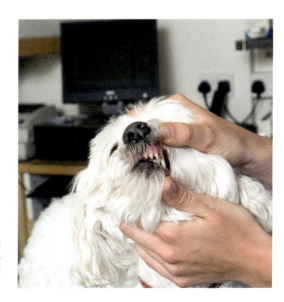

Ein Tierarzt untersucht die Zähne des Hundes. Am linken, oberen Fangzahn ist Zahnstein erkennbar.

Ohrenprobleme

Chronische Ohrinfektionen betreffen meist Rassen mit Schlappohren, so wie zum Beispiel Spaniel, deren Ohren oft bis zum äußeren Gehörgang stark behaart sind. Das Schütteln des Kopfes ist in diesem Fall ein typisches Anzeichen einer Entzündung, welche als Außenohrentzündung bekannt ist. Unter normalen Umständen produzieren die Zellen in diesem Bereich des Ohres regelmäßig schützenden Schmalz, der dann austrocknet und aus dem Ohr fällt. Dies ist jedoch bei Rassen wie dem Spaniel oder ähnlichen Rassen unwahrscheinlich, denn das Haar im Gehörgang verursacht eine Blockade und die Ohrenlappen selber bieten genau die feuchte Umgebung, die ideal für eine sich entwickelnde Entzündung ist. Eine wirksame Behandlung ist schwierig, besonders wenn anatomische Merkmale die Entwicklung der Infektion fördern. Das Kürzen der Haare hilft aber, einem erneutes Auftreten vorzubeugen. Manche Hunde, wie der Dackel, neigen auch zur Produktion übermäßiger Mengen an Ohrschmalz, welches die Lage verschlimmert. An einer solchen Infektion sind sowohl Bakterien als auch Hefepilze beteiligt, aber auch Ohrmilben können dafür verantwortlich sein.

Ein Tierarzt benutzt ein spezielles Vergrößerungsinstrument namens Auroskop, um den äußeren Gehörgang auf Milben zu untersuchen.

Schnelle tierärztliche Hilfe ist nötig, um die Ursache dieses Problems herauszufinden. Wenn es nicht behandelt wird, führt dies zu ernsthaften Komplikationen, weil sich die Infektion in den inneren Gehörgang ausbreitet, während der Reiz außerhalb derart intensiv wird, dass der Hund seine Ohrlappen verletzt. Diese schwellen dann an, weil sich durch das Zerreißen von Blutgefäßen innerhalb des Ohres ein Bluterguss bildet.

Sollte Ihr Hund bereits früher wiederholt unter solchen Infektionen gelitten haben, verdickt sich der Gehörgang im hohen Alter als Folge chronischer Entzündungen.

Der Umfang ist dann derart reduziert, dass der Abfluss von Flüssigkeiten unmöglich ist. Eine Operation ist dann die einzig mögliche Variante, bei der der äußere Gehörgang geöffnet wird, um die Ursache der Infektion zu entfernen. Dieses Verfahren ist als Ohrresektion bekannt und behebt das Problem, obwohl die Operation eine leichte Verunstaltung mit sich bringt. Besonders bei einem älteren Hund überwiegen jedoch die allgemeinen gesundheitlichen Vorteile gegenüber den kosmetischen Bedenken.

Knoten und Verdickungen

Bei älteren Hunden bilden sich des Öfteren Warzen. Diese treten nahezu am gesamten Körper auf, sind aber besonders häufig am Kopf. Manche Warzen sind fleischig und wachsen sehr schnell. Sie haften durch einen ausgeprägten Stiel an der Haut und bluten enorm, falls sie beim Fellbürsten beschädigt werden, also müssen Sie besonders bei Hunden mit langem Fell darauf achten.

Eine fleischige Warze auf der Haut. Warzen lassen sich operativ entfernen, kommen aber leider oftmals wieder.

Auffällige Schwellungen unter der Haut stellen sich in vielen Fällen als Zysten heraus, die sich ebenfalls durch eine Operation entfernen lassen. Ihr Tierarzt untersucht, ob diese Knoten nicht bösartig sind, indem er eine Gewebeprobe entnimmt und diese an ein Labor zur Untersuchung schickt.

Indem Teile davon unter dem Mikroskop untersucht werden, kann man feststellen, ob solch ein Gebilde gutartig oder bösartig (krebsartig) ist.

Es gibt für Tierärzte eine Fülle von Möglichkeiten, um bösartige Tumore bei Hunden zu behandeln. Die Haut ist die am häufigsten betroffene Stelle (mit vier von zehn Fällen), während bei Hündinnen die Milchdrüsen häufig betroffen sind. Operieren ist eine Option, obwohl dies aufgrund des Risikos einer Infektion oder der Nähe zu wichtigen Blutgefäßen nicht immer ratsam ist.

Der Analbereich, welcher besonders bei älteren Rüden ein anfälliges Gebiet für Tumore ist, wird häufig mit einer Technik behandelt, die man als Kälte- oder Kryochirurgie bezeichnet. Dabei wird über eine Kältesonde flüssiger Stickstoff an den Tumor angebracht, während die umliegende gesunde Haut abgedeckt ist.

Der Stickstoff friert den Tumor ein, sodass er sich ablöst, um von einem gesunden Gewebe ersetzt zu werden. Dies ist eine sehr sichere Methode, obwohl gelegentlich mehr als eine Behandlung erforderlich ist. Ein weiterer Vorteil der Kältechirurgie ist das geringe Risiko, dass krebsartige Zellen in den Blutstrom gelangen, was während einer Operation geschehen kann: Sie gelangen dann irgendwo anders in den Körper, wo sich ein zweiter Tumor oder eine Metastase bildet.

Eine Kältechirurgie-Ausrüstung. Kältechirurgie ist eine minimalinvasive Technik, die sich extremer Kälte (in Form von flüssigem Stickstoff) bedient, um krankhaftes oder befallenes Gewebe zu zerstören.

Eine medikamentöse Behandlung wird ebenfalls zunehmend genutzt, um bestimmte Tumore bei Hunden zu behandeln. Diese bewirken nicht den Haarausfall, wie er immer wieder bei der Behandlung beim Menschen vorkommt. Wenn die nötige Einrichtung vorhanden ist, ist auch eine Strahlentherapie möglich. Dabei sollten Sie sich jedoch darauf einstellen, mit Ihrem Hund zu einer Tierklinik fahren zu müssen, wie es sie in größeren Städten oder an Universitäten gibt. Die Kosten für eine Strahlentherapie-Behandlung können von einer Hunde-Krankenversicherung übernommen werden.

Es müssen viele Faktoren berücksichtigt werden, wenn man sich für die geeignetste Behandlung in einem bestimmten Fall entscheidet oder überlegt, ob diese überhaupt durchgeführt werden soll. Sprechen Sie mit Ihrem Tierarzt über die verschiedenen Möglichkeiten und, holen Sie eine zweite Meinung ein, wenn Sie dann immer noch unsicher sind. Große Rassen wie bei-

Trotz einer Behinderung wie einer amputierten Gliedmaße kann Ihr Hund ein aktives Leben genießen.

spielsweise die Deutsche Dogge haben das größte Risiko zur Entstehung von bösartigen Tumoren an den langen Gliedmaßenknochen. Die Amputation der betroffenen Gliedmaße ist in den meisten Fällen die einzig mögliche Behandlung, aber sie entstellt den Hund und es besteht die Sorge, wie der Hund nach der Operation auf seine Behinderung reagiert. In den meisten Fällen ist jedoch wenig zu befürchten, denn Hunde passen sich für gewöhnlich erstaunlich gut an. Die Kraft des anderen Beines erhöht sich schon bald und gleicht damit den Verlust der beeinträchtigten Gliedmaße aus. Ihr Tierarzt kann Ihnen dabei behilflich sein, Kontakt mit anderen Besitzern aufzunehmen, deren Tiere eine ähnliche Operation hinter sich haben. So können Sie sich vor der Operation über die praktischen Belange erkundigen.

Falls Ihr Rüde kastriert wurde, entfällt damit das Risiko bösartiger Tumore an den Hoden. Bei einer Hündin verringert das frühe Kastration die Wahrscheinlichkeit von Tumoren an den Milchdrüsen.

Bestimmte Tumorarten kommen bei bestimmten Rassen eindeutig häufiger vor, und insgesamt am häufigsten betroffen scheinen Boxer zu sein. Man schätzt, dass sie durchschnittlich bis zu vier Mal anfälliger für Tumore sind als andere Rassen. Wenn Sie Ihren Hund besonders beim Bürsten genau beobachten, sollte dies helfen, Tumore frühzeitig zu erkennen und somit die Wahrscheinlichkeit einer erfolgreichen Behandlung zu erhöhen.

Die Harnwege

Die Funktion der Nieren lässt bei einem älteren Hund nach. Die Nieren spielen eine entscheidende Rolle, denn sie lösen Abfallstoffe des Körperstoffwechsel aus dem Blut und bauen diese ab. Sie helfen auch, den für die Knochengesundheit wichtigen Kalzium-Phosphor-Gehalt stabil zu halten, indem sie ein Hormon produzieren, das die Aufnahme vom Kalzium aus dem Darm reguliert. In schweren Fällen kann es auch zur Blutarmut kommen, weil ein weiteres Hormon, welches in den Nieren entsteht, die Bildung roter Blutkörperchen im Knochenmark des Körpers anregt.

Viele Hundekrankheiten, zum Beispiel die Leptospirose, können die Nierengefäße genau wie Gifte beschädigen und damit den normalen Verschleißprozess beschleunigen. Die Nieren werden von faserigen Gewebe durchdrungen und rufen den Zustand der sogenannten Chronischen Interstitiellen Nephritis hervor. Wenn bis zu 70% des Nierengewebes befallen sind, werden klinische Anzeichen einer Erkrankung deutlich. Diese Entwicklung lässt sich nicht rückgängig machen, eine sorgfältige Zusammenstellung der Ernährung des Hundes trägt aber dazu bei, den schlimmsten Auswirkungen vorzubeugen.

Das auffälligste Anzeichen einer Chronischen Interstitiellen Nephritis ist eine gesteigerte Flüssigkeitsaufnahme des Hundes. Achten Sie besonders darauf, wie viel Wasser er jeden Tag trinkt. Wenn Sie den Napf jeden Tag mit einer bestimmten Menge frischen Wassers füllen, merken Sie, wie viel am nächsten Tag zur gleichen Zeit davon noch übrig ist. Dennoch gibt es sicher einige Abweichungen in der Wasseraufnahme Ihres Hundes, da er bei trockenem Futter mehr trinkt als bei Nassfutter. Ähnlich trinkt der Hund mehr Wasser, wenn es heiß ist. Selbst wenn diese Faktoren berücksichtigt werden, kann nur ungenau bestimmt werden, wie viel Ihr Hund trinkt, weil er möglicherweise während eines Spaziergangs aus einem Gartenteich oder anderen Wasserquellen wie Pfützen trinkt.

Eine nachlassende Nierenfunktion wird den Urin nicht mehr so wie sonst konzentrieren können, weshalb eine dementsprechend höhere Menge Urin entsteht und gleichzeitig mehr Wasser aufgenommen wird. Abgesehen von Urintests sind Bluttests vorteilhaft, um den Harnstoffgehalt im Blutkreislauf zu testen. Ein erhöhter Harnstoffwert im Blut weist auf einen Verlust der Nierenfunktion hin und wird mit dem Harnstoffgehalt im Urin verglichen. Ein weiterer vergleichender Test dient dazu, das Vorhandensein eines Enzyms namens Kreatinin nachzuweisen, das sich als Folge des Nierenversagens im Blut anreichert.

In relativ harmlosen Fällen reicht schon alleine eine Futterumstellung aus, um den Zustand des Hundes zumindest für eine Zeit lang zu stabilisieren. Ein Wechsel zu einem speziellen Futter mit hochwertigem, leicht verdaulichen Protein verringert den Aufbau von Abfallstoffen im Kreislaufsystem und damit die Belastung der Nieren. Der Nährwert dieses Proteins dient außerdem dazu, den unvermeidbaren Gewichtsverlust und die Verschlechterung des Zustandes einzudämmen, der in den späteren Stadien des chronischen Nierenversagens auftritt. An diesem Punkt verschreibt der Tierarzt Ihnen oftmals anabolische Steroide, um die Körperkondition aufrecht zu erhalten und um den Appetit Ihres Hundes anzuregen, welcher sich wahrscheinlich aufgrund des Aufbaus von Harnstoff im Blutkreislauf verringert. Außer den Veränderungen des Proteins in der Ernährung Ihres Hundes muss der Gehalt wasserlöslicher Vitamine – aus der Vitamin B Gruppe und Vitamin C – in der Ernährung erhöht werden, weil diese im Körper nicht ausreichend gelagert und aufgrund erhöhten Urinaustritts schneller herausgespült werden. Durch eine Reduzierung der zur Vitamin B Gruppe zugehörigen Nikotinsäure kann sich die Zunge des Hundes besonders an der Spitze schwarz verfärben. Dies ist ein Symptom von langjährigem Nierenversagen.

Eine Schädigung des Nierengewebes hat, wie bereits zuvor erwähnt, auch Auswirkungen auf den Kalziumgehalt des Körpers. Es folgt eine Erkrankung des Skelettsystems, die manchmal als renale Osteodystrophie bezeichnet wird und zu einer entsprechenden Zunahme des Phosphorgehalts im Blut führt. Futter, das für unter Nierenversagen leidenden Hunde hergestellt ist, enthält aus diesem Grund einen geringen Phosphoranteil.

Die allgemeine Verschlechterung der Gesundheit als Folge dieses Zustands bedeutet, dass Hunde, vor allem Hündinnen, auch zunehmend unter Infektionen der Harnwege leiden. Bei Hündinnen liegt das an der Harnröhre, die die Blase (in der sich der Urin sammelt) mit der Außenwelt verbindet im Vergleich zu der der Rüden sehr kurz ist.

Schädliche Mikroben vom Unterteil des Harntrakts können sich bis in die Blase verteilen, was zu einer Entzündung namens Zystitis führt. Typische Probleme sind Schmerzen beim Urinieren, die dazu führen, dass der Hund dabei nicht an einer Stelle bleiben möchte. In schwerwiegenden Fällen kann der Urin von Blut verfärbt sein. Für eine Untersuchung dieses Leidens wird eine Urinprobe benötigt. Eine Behandlung mit Antibiotika hilft zwar, oft tritt die Entzündung aber später wiederholt auf. Genau wie bei chronischem Nierenversagen darf bei einer Infektion der Harnwege auf keinen Fall die Wasseraufnahme Ihres Hundes eingeschränkt werden.

Pyometra – Entzündung der Gebärmutter

Falls Ihre Hündin nicht kastriert ist, neigt sie eher zu einer Entzündung der Gebärmutter, die man Pyometra nennt. Erhöhter Durst ist ein typisches Symptom für diese Erkrankung. Die Infektion taucht normalerweise sechs Wochen nach der letzten Hitze der Hündin auf. Appetitverlust und manchmal – aber nicht immer – Ausfluss aus der Scheide sind typische Zeichen. Dies ist ein ernstzunehmender Zustand, der eine schnelle tierärztliche Behandlung erfordert. Antibiotika und eine Infusionstherapie können nötig sein, bevor eine Operation und Kastration gefahrlos möglich sind.

Herzerkrankungen

Herzerkrankungen sind bei älteren Hunden relativ häufig, aber sie leiden nicht unter einer Verengung der den Herzmuskel versorgenden koronaren Arterien, wie sie beim Menschen immer wieder für einen plötzlichen Tod verantwortlich ist. Stattdessen neigen Hunde zu Erkrankungen der Herzklappen, die zu chronischer Herzschwäche führen. Auch wenn die frühen Anzeichen oft nicht als solche erkannt werden, entwickelt ein Hund besonders nach dem Bewegen einen hartnäckigen und typisch »trocken« klingenden Husten. Auch Müdigkeit kann ein Symptom sein sowie ein leicht angeschwollener Bauch, der durch das Pumpen des beeinträchtigten Herzens entsteht.

Ihr Tierarzt diagnostiziert geschwächte Herzklappen, indem er mit einem Stethoskop das Herz Ihres Hundes abhört. Eine Röntgenaufnahme dient außerdem dazu, eine mögliche Vergrößerung des Herzens festzustellen. Die Muskelmasse nimmt an Größe zu, denn das Herz muss, um die Schwäche auszugleichen, härter arbeiten. Genaue Ergebnisse ergibt eine Ultraschalluntersuchung de Herzens. Eines der größten Vorteile eines älteren Hundes ist die regelmäßige Untersuchung durch den Tierarzt alle vier bis sechs Monate und dank derer solche Erkrankungen in einem frühen Stadium festgestellt werden, was die Behandlung erheblich vereinfacht. Einige Rassen, besonders kleine wie der Cavalier King Charles Spaniel, neigen eher als andere Rassen zu Herzklappenproblemen, wohingegen größere Hunde, wie der Irische Wolfshund, eher einer Kardiomyopathie (Herzmuskelerkrankung) erliegen. Die damit einhergehende Rückbildung des Herzmuskels wiederum führt zu einem ungewöhnlichen Herzrhythmus.

Ein Elektrokardiogramm (EKG) ist sehr nützlich, um diese Art des Problems zu untersuchen, obwohl man in solchen Fällen leider nur relativ wenig im Sinne einer Behandlung tun kann.

Im Fall einer Herzklappenerkrankung werden jedoch normalerweise Medikamente, sogenannte Diuretika, verschrieben, die überschüssiges Wasser aus dem Körper entfernen und auf diese Weise den Druck auf das geschwächte Herz verringern. Sie werden in der Regel mit Wirkstoffen aus der Gruppe der Herzglykoside kombiniert, wie zum Beispiel Digitalis. Diese sorgen dafür, dass das Herz ordnungsgemäß schlägt. Eine solche Behandlung ermöglicht den Hunden noch eine jahrelange gute Gesundheit und während dieser Zeit ein relativ aktives Leben. Einige Ernährungsveränderungen, durch die der Hund an Gewicht verliert, tragen ebenfalls dazu bei.

Cavalier King Charles Spaniels gehören zu den Rassen, die besonders zu Herzklappenproblemen neigen.

Verdauungsprobleme

Ältere Hunde leiden oft unter Verdauungsproblemen. Diese müssen untersucht werden, da sie unter anderem auf ein Nierenversagen hinweisen können. Funktioniert das Verdauungssystem nicht mehr so gut wie sonst, leidet Ihr Hund möglicherweise an Blähungen, welche mit dafür eigens hergestellten pflanzlichen Tabletten behoben werden können. Sie können neben der üblichen Ernährung auch spezielle medizinische Kohlebiskuits füttern. Verstopfung kann dadurch behoben werden, dass man einen Teelöffel (5ml) flüssigen Paraffins in die Nahrung des Hundes mischt und dem Problem dann hoffentlich in Zukunft vorbeugt, indem man der Ernährung Ballaststoffe wie ein wenig Weizenkleie (in Zoofachgeschäften erhältlich) zufügt. Konsultieren Sie, wenn Ihr Hund trotz dieser Maßnahmen weiterhin an Verstopfung leidet, Ihren Tierarzt – für den Fall, dass die Ursache des Problems eine innere Verstopfung wie ein Tumor ist.

Spezielle Hundekekse, die medizinische Kohle enthalten, können Blähungen lindern. Alternativ gibt es auch pflanzliche Mittel, die bei diesem Problem helfen.

Hormonelle Probleme

Hormone stellen die chemischen Botenstoffe des Körpers dar und lösen bestimmte Aktivitäten in den Körperorganen aus. Verschiedene Arten hormoneller Störungen, bei denen eine ausgeprägte Rassedisposition deutlich ist, sind für ältere Hunde üblich. Diabetes Mellitus (Zuckerkrankheit) kommt zum Beispiel am häufigsten beim Dackel und dem Scottish Terrier vor. Fettleibigkeit kann die Entwicklung dieses Zustandes auslösen, der durch eine Unregelmäßigkeit in der Versorgung mit dem Hormon Insulin entsteht. Dieses Hormon wird von der Bauchspeicheldrüse, einer Drüse in der Nähe des Dünndarms, produziert. Insulin trägt dazu bei, den Zuckerstoffwechsel innerhalb des Körpers zu regulieren. Im Falle einer Zuckererkrankung, bei der Insulin nur unzureichend vorhanden ist oder es seiner Funktion nicht ordnungsgemäß nachkommt, wird Fett schneller abgebaut. Dies führt im Blut zu einer Ansammlung von Chemikalien, Ketonkörper genannt, die durch einen kränklichen und süßlichen Geruch den Atem verschlechtern. Der Hund verspürt erheblich mehr Durst und sein Zustand verschlechtert sich trotz des großen Appetits, weil die Nahrung nicht richtig verarbeitet werden kann.

Der Dackel ist eine Rasse, die häufig unter der Zuckerkrankheit leidet. Manchmal vererbt sich die Neigung dazu weiter.

Er muss eventuell auch öfters urinieren und eines der ersten Anzeichen dieses Zustandes ist, dass er damit nicht mehr bis zum Morgen warten kann.

Die Diagnose einer Zuckerkrankheit ist recht unkompliziert und basiert auf Blut- und Urintests. Eine Behandlung ist möglich, bei der Sie Ihrem Hund jedoch täglich Injektionen geben müssen. Ihr Tierarzt zeigt Ihnen, wie man es macht. Eine genaue Überwachung des Zustandes ist vor allem unmittelbar nach der Diagnose notwendig, um sicherzugehen, dass die Insulindosis richtig ist. Normalerweise wird dies anhand von Teststäbchen untersucht, die den Zucker im Urin anzeigen. Ein regelmäßiger Ablauf ist ebenso notwendig, um den Zustand eines Hundes, der unter dieser Krankheit leidet, zu stabilisieren. Zudem ist eine ausgewogene Ernährung – jeden Tag um dieselbe Zeit – wichtig, um eine unerwartete Steigerung des Glukosegehalts zu verhindern. Ihr Hund sollte sich zudem nicht übermäßig viel bewegen, weil sein Blutzuckerwert dadurch erheblich sinken kann.

Eine andere Form der Diabetes, die Diabetes Insipidus (oder Wasserharnruhr), die jedoch nichts mit der Zuckerkrankheit zu tun hat, kann ebenfalls vorkommen. Sie entsteht durch einen Mangel des antidiuretischen Hormons (ADH), welches von der Hirnanhangdrüse im Gehirn hergestellt wird. Dieses Hormon wirkt auf die Nieren und sorgt für eine verstärkte Urinausscheidung. Eine Diagnose dieses Zustandes basiert auf einem sogenannten Durstversuch, bei dem man dem Hund unter tierärztlicher Aufsicht Wasser vorenthält. Dies würde normalerweise dazu führen, dass die Urinkonzentration durch den Einfluss von ADH ansteigt, aber im Falle einer Diabetes insipidus bleibt der Harn verdünnt.

Diese Art von Diabetes ist wesentlich seltener als Zuckerdiabetes. Leider ist die Behandlung vor allem über einen längeren Zeitraum teuer. Wenn Sie jedoch mit der hohen Urinausscheidung zurechtkommen und dafür sorgen, dass Ihr Hund immer genügend Wasser zur Verfügung hat, ist eine Behandlung nicht unbedingt erforderlich.

Die Schilddrüsen haben eine weitreichende Wirkung auf den Stoffwechsel des Körpers. Bei älteren Hunden nehmen die hormonellen Ausscheidungen dieser Drüsen, die sich im Hals in der Nähe der Luftröhre befinden, ab. Dies verursacht eine Reihe von

Symptomen, die zu einer unerwarteten Gewichtszunahme, höheren Kälteempfindlichkeit und Trägheit führen. Bluttests zeigen, ob Ihr Hund unter einer Schilddrüsenunterfunktion leidet oder nicht, sodass eine angemessene Behandlung in Form von Tabletten vorgenommen werden kann. Sie sollte eine recht schnelle Verbesserung des Zustands ermöglichen.

Die Nebennieren befinden sich in der Nähe der Nieren. Ein schlechtes Funktionieren der Nebennierenrinde, der Kortex, führt zu einem übermäßigen Austritt von Kortikosteroiden. Die dadurch auftretende Krankheit namens Cushing-Syndrom kann im mittleren Alter auftreten. Es ist wie bereits gesagt für manche Rassen üblicher als für andere. Boxer, Pudel und andere Arten von Terriern sind diesem Risiko am ehesten ausgesetzt. Die Ausscheidung der Kortikosteroide wird von einem Hormon namens Adrenokortikotropin (ACTH) reguliert, welches von der Hirnanhangsdrüse produziert wird. Ein Tumor an dieser Stelle – welcher nicht direkt aufgrund des Verhalten des Hundes offensichtlich ist – bewirkt eine Erhöhung des ACTH-Ausstoßes, aber die Auswirkungen des daraus resultierenden Anstiegs von Kortikosteroiden wird bald deutlich. Typische Symptome sind das Ausdünnen des Fells zu beiden Seiten, welches zu kahlen Stellen führt, und eine dickbäuchige Erscheinung durch eine Vergrößerung der Leber und den Druck auf den Unterleibsorganen, während die Haut an dieser Stelle des Körpers dünner wird.

Das Testen des Cushing-Syndroms setzt ein Zuführen von ACTH, ein Messen des Kortisongehalts im Blut und ein Vergleich dieses Wertes mit dem vorher genommenen Wert voraus. Es ist schwierig, einen Tumor der Hirnanhangsdrüse oder, weniger üblich, einen Tumor der Nebennierendrüse selber, mit Erfolg zu behandeln. Die Therapie ist normalerweise mit Hilfe eines zytotoxischen Medikamentes auf das Senken des Kortikosteroid-Austritts ausgerichtet, die einen Großteil der Nebennierenrinde zerstört, sodass trotz des hohen ACTH-Ausstoßes eine relativ geringe Reaktion vonseiten der Nebennieren erfolgt.

Neurologische Probleme

In den späteren Stadien eines auf die Hirnanhangsdrüse einwirkenden Tumors kollabiert ein Hund und erleidet Krämpfe. Dies ist sehr traurig mit anzusehen, weil der Hund oft hilflos auf der Seite liegend strampelt und sich in einem höchst unangenehmen Zustand befindet. Es gibt nicht viel, was Sie dagegen tun können (und passen Sie darauf auf, nicht gebissen zu werden). Geben Sie Ihrem Hund etwas, worauf er liegen kann oder ziehen Sie ihn behutsam darauf, denn er verliert wahrscheinlich die Kontrolle über seine Blase und seinen Darm. Rufen Sie sofort Ihren Tierarzt an, wann Sie in die Praxis kommen sollen. Tierärztliche Hilfe ist erforderlich, um eine genaue Diagnose für die Ursache dieses Problems zu finden. Es könnte mit dem Hundestaupe-Virus zusammenhängen, das manchmal zu einer speziellen Form der Gehirnentzündung führt, die man als »Old Dog Encephalitis« (ODE) bezeichnet. Krankheiten, die andere

Wenn ein Hund unter Arthritis zu leiden beginnt, benötigt er unter Umständen einige zusätzliche Unterstützung, um sich mühelos umher bewegen zu können.

Körperorgane wie die Nieren beeinträchtigen, ziehen auch das Gehirn in Mitleidenschaft, wenn sie schwerwiegend sind. Eine Elektroenzephalographie (EEG) empfiehlt sich, um den Ablauf der elektrischen Aktivität im Gehirn zu untersuchen und um festzustellen, ob Epilepsie der Grund ist, obwohl das plötzliche Auftauchen von Epilepsie bei älteren Hunden selten ist. Um das Vorhandensein eines Tumors zu bestätigen, müssen Sie Ihren Hund für einen Gehirnscan in eine Tierklinik bringen, da diese bessere Diagnosemöglichkeiten als ein Röntgenbild anbieten.

Eine Lähmung betrifft besonders ältere Hunde, wobei die hinteren Gliedmaßen größerer Hunde am anfälligsten sind. Dies kann das Ergebnis einer auf das Rückenmark drückenden Bandscheibe sein, die gegen das Knochenmark stößt und kann häufig sehr plötzlich auftreten, lässt sich jedoch erfolgreich mit Ruhe und Schmerzmitteln behandeln. Andere Fälle lassen sich mit Knochenschäden erklären, oft ausgelöst durch die Folgen einer Arthritis. Der Hund leidet zunächst unter einer Kraftlosigkeit der Gliedmaßen, welche sich dann zu einer Lähmung entwickelt.

Bei Deutschen Schäferhunden gibt es eine besondere, allgemein anerkannte neurologische Störung, die zu einer Rückbildung der Rückenmarksnerven führt. Diese führt zu einer sich steigenden Kraftlosigkeit, Lähmung und Inkontinenz.

Sie ist als Degenerative Myelopathie bekannt. Leider gibt es nichts, was man in den letzten Zügen dieser Krankheit tun kann. In Fällen, bei denen nur die Gliedmaßen beeinträchtigt sind, ist es möglich, einen speziell entwickelten Wagen mit einem Geschirr am Körper des Hundes zu befestigen und somit eine Unterstützung und Beweglichkeit für die gelähmten Gliedmaßen zu bieten. Obwohl sich dies merkwürdig anhört und es Ihnen nicht selten böse Kommentare einbringt, wenn Sie Ihren Hund damit draußen umherlaufen lassen, gibt es keinen Zweifel, dass diese Wagen dem Hund nach der Lähmung seiner Hinterbeine ein neues Lebensgefühl ermöglichen. Hunde gewöhnen sich normalerweise gut an ihre neu entdeckte Beweglichkeit und solche »Hunde-Rollstühle« sind in verschiedenen Größen passend zu den verschiedenen Rassen erhältlich.

Spezielle Pflege

Auch wenn es nicht möglich ist, die Auswirkungen des Alterungsprozesses rückgängig zu machen, gibt es viele Möglichkeiten, die dabei helfen, dass Ihr Hund so lange wie möglich fit und gesund bleibt. Stellen Sie sich auf Veränderungen des allgemeinen Gesundheitszustandes und dem Beschäftigungspensum Ihres Hundes ein, denn die frühzeitige Erkennung eines Problems ermöglicht einen leichteren Umgang damit und hoffentlich auch eine Abhilfe.

Parasiten

Hunde können von einer Vielzahl von Parasiten heimgesucht werden. Dazu gehören auch Zecken und Milben, wobei Flöhe vermutlich die gängigsten dieser Schädlinge sind und leider auch diejenigen, die am einfachsten zu bekommen sind. Flöhe sind eine wirkliche Plage für Hund und Besitzer und ältere Hunde dienen besonders oft als Wirte für diese Parasiten. Dies ist einer

der Gründe, warum es so wichtig ist, Ihren älteren Hund regelmäßig zu bürsten, da gründliches Bürsten und eine sorgfältige Untersuchung der Haut dazu beitragen, Flöhe zu entdecken, bevor ein größerer Befall eintritt. Diese häufigen Parasiten vermehren sich sehr schnell – ein weiblicher Floh produziert bis zu 500 Eier täglich. Wenn diese nach ungefähr zehn Tagen zu schlüpfen beginnen, stehen Sie schon bald einer Plage dieser Insekten gegenüber. Die Situation kann sogar so weit eskalieren, dass eine Schädlingsbekämpfung-Firma Ihr gesamtes Haus reinigen muss!

Ältere Hunde sind anfälliger gegenüber den Auswirkungen von Flöhen, da ihr Immunsystem normalerweise weniger resistent als das eines jüngeren Tieres ist. Weil Ihr Hund außerdem weniger beweglich ist, haben Flöhe eine größere Möglichkeit, sich schnell zu vermehren. Das Risiko ernsthafter Probleme mit Flöhen ist im Sommer am höchsten, aber aufgrund der Zentralheizung stellen diese Parasiten eine Ganzjahres-Plage dar. Die winzige Flohlarve, die aus den Eiern schlüpft, sucht nach dunklen Orten, in der Regel in der Nähe des Hundebettes, wo sie sich von Hautschüppchen ernährt. Durch sorgfältiges Staubsaugen in diesem Bereich des Hauses lassen sich viele von ihnen entfernen, bevor sie sich verpuppen und zu ausgewachsenen Flöhen verwandeln. Dieser Lebensabschnitt dauert ungefähr drei Tage und die sich herausbildenden Flöhe werden auf jedes lebende Objekt überspringen, was Ihr Hund oder sogar Ihr Bein sein kann! Obwohl Flöhe nicht dauerhaft auf dem menschlichen Körper leben, fügen sie schmerzhafte Bisse zu. Katzen, die mit einem Hund das Haus teilen, sind diesem Risiko ebenso ausgesetzt und übertragen sich gegenseitig Flöhe. Es ist daher sehr wichtig, eine Katze zur gleichen Zeit wie einen Hund zu behandeln – obwohl nicht alle Produkte, besonders bei jüngeren Kätzchen, gefahrlos bei einer Katze anzuwenden sind. Überprüfen Sie also jedes Behandlungsmittel sorgfältig, bevor Sie es anwenden.

Durch Flöhe kratzt und nagt der Hund an seiner Haut, um den Reiz zu lindern, den der Biss dieser Parasiten verursacht. Aber die Lage verschlimmert sich noch mehr, wenn der Hund über längere Zeit dem Speichel der Flöhe ausgesetzt ist, denn dies führt zu einer allergischen Reaktion. Bei einem älteren Hund vergrößert sich das Problem wahrscheinlich noch durch ein Leiden, das manchmal als Flohbiss-Ekzem bezeichnet wird. Es braucht dann nur einen einzigen Biss, um eine heftige Reaktion auszulösen, die in vielen Fällen eine Entzündung über weite Teile der Haut auslöst. Die Innenseite der Oberschenkel und der Schwanzansatz sind die anfälligsten Stellen. Dies ist für Ihren Hund höchst unangenehm und seine anhaltende Selbst-Verstümmelung und Lecken führen zu kahlen Stellen. Darunter lassen sich feuchte, gerötete Hautstellen erkennen, die sich weiter entzünden können.

Daher ist eine wirksame Flohkontrolle sehr wichtig. Falls sich Anzeichen einer Flohbiss-Allergie finden lassen, ist eine schnelle Behandlung vonseiten Ihres Tierarztes entscheidend, um Ihren Hund zu desensibilisieren. In anhaltenden Fällen wiederum ist der Haarverlust dauerhaft und die Haut verdickt sich auf unnatürliche Weise. Das erneute Auftreten ist besonders in den Sommermonaten üblich, wenn Flöhe vermehrt auftreten.

Eine andere kaum sichtbare Gefahr, die von Flöhen ausgeht, ist deren Fähigkeit, andere Parasiten, besonders Bandwürmer, zu übertragen. Der Bandwurm hinterlässt im Darm des Hundes Eier, die sich im Analbereich und im Bett des Hundes festsetzen. Wenn eine Flohlarve eines diese mikroskopisch kleinen Eier als Nahrung aufnimmt, verwandelt es sich innerhalb des Flohs in einen unausgereiften Bandwurm. Sollte der Hund nachträglich den Floh schlucken, wenn er wegen des Juckreizes an seiner Haut knabbert, schließt der Bandwurm seine Entwicklung im Darmtrakt des Hundes ab.

Flohbekämpfung

Im Fell lassen sich eher Flohausscheidungen als die eigentlichen Insekten entdecken (Lesen Sie Seite 39). Trotzdem hilft das gründliche Ausbürsten des Fells mit einem speziellen Flohkamm dabei, sämtliche vorhandenen Flöhe zu entfernen. Machen Sie dies am besten draußen, sodass entfernte Flöhe nicht wieder ins Haus gelangen. Es ist schwierig, Flöhe zu fangen, selbst dann, wenn Sie einen Flohkamm benutzen. Wenn sie einmal gestört werden, werden diejenigen, die nicht von Ihrem Hund wegspringen, irgendwo anders an seinen Körper hin verschwinden. Wenn es Ihnen gelingt, welche zu fangen, werfen Sie sie zum Töten in ein Schälchen Wasser. Es hilft auch, wenn Sie Ihren Hund bei diesem Verfahren auf weißes Papier stellen, denn das macht die dunklen Körper der Flöhe leichter sichtbar, wenn sie vom Körper des Hundes hinunterspringen.

Aufgrund der schwierigen Flohbehandlung hat sich in den letzten Jahren eine Vielzahl von neuen Ansätzen zur Flohbekämpfung entwickelt. Es gibt zum Beispiel nun spezielle batteriebetriebene, elektronische Flohkämme. Diese Geräte stoßen kleine elektrische Ladungen aus, die den Floh betäuben, wenn die Zinken in Kontakt mit den Parasiten kommen und es stört oder verletzt den Hund nicht. Aufgrund der von den Zinken ausgehenden Massagebewegungen mögen es Hunde sogar auf diese Art gekämmt zu werden. Der Motor, der die Ladung erzeugt, schert aus, sobald ein Floh getroffen wird, macht Sie darauf aufmerksam und ermöglicht es Ihnen, ihn aus dem Fell herauszubürsten. Diese Methode ist besonders für Hunde geeignet, die unter allergischen Reaktionen bei chemischen Methoden der Flohbekämpfung leiden, wie sie besonders im späteren Leben nach wiederholten Behandlungen auftreten.

Eine andere Methode zur Flohbekämpfung sind Produkte, die auf Insekten-Wachstumsregulatoren (IGRS) basieren. Sie hindern weibliche Flöhe daran, sich erfolgreich zu vermehren oder stellen ersatzweise sicher, dass ihre Eier nicht schlüpfen. Solche Produkte werden in der Regel direkt in die Haut des Hundes eingearbeitet. Eine solche Flohbekämpfung dämmt nicht so schnell den enormen Bevölkerungswachstum der Flöhe ein, wie es andere chemische Produkte wie Sprays machen würden, aber sie beugen längerfristig einem beträchtlichen Anstieg einer sich entwickelnden Flohbevölkerung vor. Andere Methoden der Flohbekämpfung sind verschiedene Arten von Flohfallen, die Flöhe in sie hineinlocken und dann auf einem klebrigen Papier festhalten. Es gibt außerdem Sprays und Puder, die teilweise direkt in das Fell hineingearbeitet werden und Halsbänder, die Chemikalien freisetzen, um Flöhe auszurotten. Ein insektentötendes Hundeshampoo ist ebenfalls erhältlich. Sprechen Sie sich unbedingt mit Ihrem Tierarzt ab, bevor Sie Flohbehandlungen nutzen.

Sie sollten auch die Liegedecke und das Körbchen Ihres Hundes waschen, wenn Sie ihn behandeln. Als zusätzliche Vorkehrung sollten Sie auch den Teppich reinigen, aber überprüfen Sie vorher, ob die Chemikalien, die dafür genutzt werden, nicht dessen Farbe angreifen.

Ohne die Flöhe als Zwischenwirt stellt der gewöhnliche Bandwurm (Dipylidum Caninum) jedoch keine Gefahr für den Hund dar. Falls Ihr Hund aber von Flöhen befallen war, ist es gut, ihn gegen Bandwürmer zu behandeln. Tabletten dafür gibt es beim Tierarzt.

Zecken sind vor allem in den Sommermonaten ein Problem. Lesen Sie dazu das Kapitel *Allgemeine Pflege*, um zu erfahren, wie man diese sicher aus der Haut des Hundes entfernt. Hautmilben sind für ältere Hunde normalerweise kein Problem. Jedoch fangen sich Hunde beim Spazierengehen manchmal Grasmilben ein, besonders im ländlichen Raum. Diese sind eigentlich das Larvenstadium des Lebenszyklus der Trombicula-Milben. Die winzigen Larven befallen die Pfoten und verursachen eine sehr starke und schmerzhafte Reizung zwischen den Zehen. Eine tierärztliche Behandlung ist das Beste gegen diese Parasiten. Ohrmilben kommen des Öfteren vor, vor allem, wenn Ihr Hund vorher bereits einmal unter Ohrproblemen gelitten hat. Durch diese kratzt sich Ihr Hund fortwährend an dieser Stelle.

Wenn Sie ein Flohshampoo benutzen, ist es normalerweise das Beste, den Hals gründlich einzuschäumen. Dies erzeugt eine Barriere, welche die Flöhe daran hindert, zum Kopf und zu den Ohren zu wandern, welche weitaus schwieriger mit Shampoo zu behandeln sind. Dann feuchten Sie den Rest des Körpers an und schäumen ihn mit Shampoo ein. Folgen Sie immer genau den Anweisungen; Einweghandschuhe sind dabei nützlich.

Diese Parasiten lösen oftmals bakterielle- oder Pilzinfektionen innerhalb der Gehörgänge aus. Auch hier sollte eine Untersuchung beim Tierarzt stattfinden, um die angemessenste Behandlung zu beginnen.

Das Wetter beobachten

Während des Sommers sollten Sie es vermeiden, Ihren Hund an den heißesten Stunden des Tages draußen umherlaufen zu lassen, besonders, wenn er älter und weniger beweglich wird. Dies trifft vor allem dann zu, wenn er an Herzproblemen leidet, weil die zusätzlichen Auswirkungen eines Hitzeschlags tödlich sein können. Rassen mit kurzen Nasen, wie Bulldoggen, sind besonders dem Risiko der Überhitzung bei warmem Wetter ausgesetzt, denn sie können sich außer mit Hecheln nur wenig selbst abkühlen. Durch ihren kurzen Nasengang ist die von dort verdunstende Menge an Feuchtigkeit, verglichen mit anderen Hunden, geringer. Somit haben sie eine eingeschränkte Fähigkeit zur Regulierung ihrer Körpertemperatur.

Während der kälteren Monate des Jahres ist es ratsam, Ihrem Hund einen Mantel umzulegen, welcher ihn ungeachtet des Wetters relativ warm und trocken hält und seine Gelenkschmerzen mindert. Bestimmte Rassen, wie der Whippet, neigen besonders dazu, schnell durchgefroren zu sein, denn sie besitzen kein dichtes Unterfell. Zoofachgeschäfte führen normalerweise eine große Auswahl an Hundemänteln, wobei manche Mäntel wasserresistenter als andere sind. Damit sie richtig passen, nehmen Sie Ihren Hund beim Kauf mit. Falls dies nicht geht, messen Sie Ihren Hund vom Nacken zum Schwanzansatz und auch um seine Brust herum, sodass Sie einen Mantel aussuchen, der richtig passt. Sollten Sie regelmäßig nach Einbruch der Dunkelheit mit ihm hinausgehen, bringen Sie helle, reflektierende Leuchtstreifen an seinem Mantel an, um von anderen oder vom Straßenverkehr besser wahrgenommen zu werden.

Ein Hund, der einen Hitzeschlag erlitten hat, wird in eine kühlende Decke gewickelt, die seine Körpertemperatur verringert.

Fellpflege

Hunde haben in der Winterzeit ein dickeres Fell, das sie im Frühling, wenn das Wetter wieder wärmer wird, ablegen. Ältere Hunde sind dazu meist weniger in der Lage, sodass die Fellpflege sehr wichtig ist. Die Zeit, die für die Fellpflege benötigt wird und die Art, wie das Fell gebürstet werden muss, hängt sehr von dem Fell des Hundes ab. Das tägliche Bürsten mit einer Bürste oder einem Kamm verhindert, dass das Fell langhaariger Rassen verfilzt. Dichtes Unterhaar kann mit einer Drahtbürste herausgebürstet werden. Bei kurzhaarigen Rassen gibt ein Fellpflegehandschuh dem Fell einen schönen Glanz. Fragen Sie für eine optimale Fellpflege einen professionellen Hundefriseur um Rat.

Manche ältere Hunde mit einer Hüftschwäche müssen möglicherweise öfter als gewöhnlich gebadet werden, denn manchmal haben sie beim Urinieren Schwierigkeiten damit, eines ihrer Hinterbeine zu heben. Daher verschmutzt der Urin das umliegende Fell. Genauso haben ältere Hunde beiderlei Geschlechts

Das Kürzen der Krallen ist ein fester Bestandteil der regelmäßigen Fellpflege des Hundes. Die Krallen älterer Hunde können verwachsen sein, da sie oft durch mangelhafte Bewegung nicht abgenutzt werden. Sie können die Krallen auch feilen.

Probleme beim Koten, was ebenfalls bedeutet, dass eine zusätzliche Pflege besonders bei langhaarigen Tieren angebracht ist. Jegliche Verschmutzung des Fells lockt Fliegen an, die dann ihre Eier in diese Bereiche legen. Falls sie während dieses Stadiums nicht entdeckt werden, verwandeln sie sich in Maden, die sich in die Haut des Hundes bohren und dort schädliche Giftstoffe freisetzen. Unter diesen Umständen ist eine schnelle tierärztliche Behandlung erforderlich.

Bewegungseinschränkungen und Therapien

Hüftgelenksdysplasie (HD) kommt mittlerweile nicht mehr so häufig wie früher vor, da dieser Zustand dank Methoden wie der Untersuchung von Zuchthunden und der auf Röntgenbildern basierenden Einstufung in HD-Grade festgestellt werden kann. Dennoch sind arthritische Veränderungen, die besonders die Hüftgelenke beeinflussen, bei älteren Hunden nicht unüblich. Es gibt nicht viel, was sich durch eine direkte Behandlung dagegen unternehmen lässt, aber eine Vermeidung von Übergewicht – was die Last auf den Gelenken erhöht – ist sehr wichtig. Schmerzlindernde Medikamente, vom Tierarzt verabreicht, werden des Öfteren benötigt. Und auch Akupunktur ist besonders für einen relativ ruhigen Hund von Vorteil.

Es gibt eine Reihe von Nahrungsergänzungsmitteln zur Linderung von Gelenkschmerzen, die als flüssige Ergänzungsmittel, Puder und Kapseln erhältlich sind. Sie enthalten zahlreiche Bestandteile wie Chondroitin, Glucosamin, MSM (ein auf Schwefel basierendes Gemisch) und Hyaluronsäure und erhöhen die Menge an Körperflüssigkeit. Dieses macht die Gelenke geschmeidig und unterstützt die Bildung von schützenden Knorpeln innerhalb der Gelenke, sodass diese weniger schmerzhaft sind. Nutzen Sie immer speziell für Hunde entwickelte Produkte, da diese schmackhafter und leichter dem Futter beizumischen sind. Es gibt des Weiteren zahlreiche pflanzliche Produkte, um Entzündungen zu mindern und die Pflanzen wie die Palmlilie, Beinwell und die Teufelskralle enthalten. Falls Sie Pflanzen wie Beinwell anbauen, stellen Sie vielleicht fest, dass Ihr Hund im Garten daran schnuppert, da er offensichtlich deren wohltuende Wirkung wahrnimmt.

Hüftgelenksdysplasie

Wenn eine Hüftgelenksdysplasie bei Ihrem Hund festgestellt wurde, werden die Auswirkungen im Alter meist schlimmer. In einem normalen Hüftgelenk (links), fügt sich die Spitze des Oberschenkelknochens genau in das kelchförmige Gelenk, dem Acetabulum, ein. Wenn dieses jedoch verflacht ist (Mitte), tritt eine anormale Abnutzung ein, die die Bewegung schmerzhaft macht. Mit der Zeit beeinträchtigt eine Arthritis ebenfalls das Gelenk (rechts). Achten Sie darauf, dass Ihr Hund nicht übergewichtig ist, um eine unnötige Belastung auf der Hüfte zu vermeiden. Eine Wassertherapie ist eine nützliche Übung für Hunde, die unter diesem Zustand leiden.

Ein sofortiges Eingreifen ist vorteilhaft. Behandlungen wie Akupunktur und Physiotherapie sind besonders nützlich, wenn es um Probleme mit der Wirbelsäule geht. Diese kommen besonders bei Rassen mit langen Körpern wie dem Dackel vor. Ihr Tierarzt verweist Sie diesbezüglich an einen Fachmann auf diesem Gebiet.

Bewegung ist für Hunde auch dann wichtig, wenn sie von Gelenkserkrankungen betroffen sind. Dies ist dank der steigenden Anzahl an Wassertherapie-Schwimmbecken, die es mittlerweile für Hunde gibt, wesentlich einfacher geworden.

Ihr Tierarzt sollte Sie wie gesagt zu jemandem in Ihrem Umfeld verweisen. Die meisten Hunde lieben es, zu schwimmen und die Stunden finden in warmem Wasser statt. Selbst Hunde, die unter

Ein Staffordshire Bull Terrier erhält eine Akupunktur-Behandlung. Bei dieser Technik werden Nadeln in Bereichen des Körpers eingeführt, um den Schmerz zu lindern.

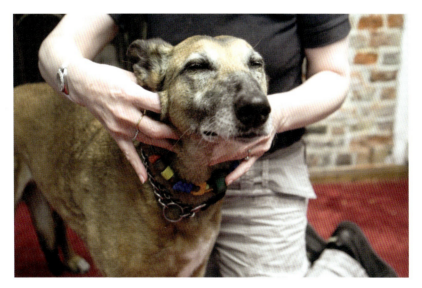

Physiotherapeutische Methoden werden genutzt, um unter Knochenproblemen leidenden Hunden zu helfen.

schweren Gelenkschmerzen leiden, profitieren von dieser Bewegung, denn Wasser stützt das Gewicht, sodass die Bewegung für Ihren vierbeinigen Freund weniger schmerzhaft ist. Diese Stunden müssen im Voraus gebucht werden. Zu Beginn ist es ratsam, Ihren Hund erst einmal nur für eine kurze Zeit schwimmen zu lassen und diese Zeiten mit der Steigerung seiner Fitness zu verlängern.

Eine richtig durchgeführte Wassertherapiestunde ist eine sehr nützliche Bewegungsübung. Sie kann auch Teil eines Rehaprogramms nach Verletzungen oder Operationen sein. Achten Sie auf die Schwimmweste, die hier getragen wird, obwohl Hunde von Natur aus schwimmen können.

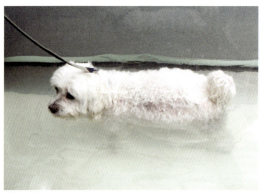

Eine andere Art der Wassertherapie bedient sich eines Unterwasser-Laufbandes. Der Hund führt auf diese Weise normale Gehaktivitäten aus, während sein Körpergewicht überwiegend vom Wasser getragen wird.

Massagen tragen ebenfalls zur Linderung und Anspannungen von Gelenkschmerzen bei, indem sie als ganzheitliche Therapie wirken. Es gibt verschiedene Arten der Massage, wobei die traditionelle Massage zu einer Verbesserung von Durchblutung und Muskeltonus beiträgt. Eine andere Form, Reiki, beruht auf dem Chi – der Energie des Körpers – kombiniert mit verschiedenen Energiezentren. Die japanische Technik kann einem Hund zu Wohlbefinden verhelfen, der unter einer unheilbaren Krankheit leidet.

Die Akupressur ist eine weitere Methode, die sich auf bestimmte Bereiche des Körpers konzentriert, welche von Fachleuten als Energiezentren bestimmt werden. Solche Methoden tragen ebenfalls zur Erholung nach einer Krankheit oder nach einer Operation bei. Sie wirken außerdem entspannend und bieten einem kranken Tier eine emotionale Unterstützung.

Veränderungen in der Lebensart sind auch wichtig. Sie können das Körbchen Ihres Hundes durch ein »Bean Bag« ersetzen, welches Styroporkörnchen oder ein ähnliches Material enthält. Ihr Hund kann sich dann die Lage aussuchen, welche für ihn am angenehmsten ist – beispielsweise ausstrecken statt einrollen.

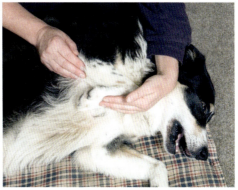

Massage ist eine wirksame Therapie, um viele Probleme des Bewegungsapparates bei einem älteren Hund zu behandeln und lindern. Sie können manche dieser Techniken daheim selber anwenden, befolgen Sie jedoch dabei die Anweisungen eines guten Hundemassagebuches. Alternativ können Sie sich die Techniken zunächst auch von einem kompetenten Experten beibringen lassen, denn eine falsch ausgeführte Massage richtet mehr Schaden als Nutzen an.

Nachlassende Sinne

Sie werden feststellen, dass das Hörvermögen der Hunde im Alter nachlässt, was besonders bei Spaziergängen im Dunkeln zu einer Desorientierung führt. Sie merken auch, dass er in der Nähe des Hauses scheinbar ungehorsam ist, da er Sie nicht immer hört, wenn Sie ihn rufen. Es gibt nicht viel, was unter diesen Umständen getan werden kann, außer sich an das veränderte Verhalten Ihres Hundes anzupassen. (Lesen Sie dazu das Buch »Hört nix, macht nix!«, erschienen im Kynos Verlag.)

Ältere Hunde werden weniger als früher herumstreunen. Aber halten Sie den Hund beim Spaziergang trotzdem in Ihrer Nähe. Es sind nicht nur Sie, den ein Hund nicht hört – Fahrzeuge stellen eine weitaus größere Gefahr dar. Behalten Sie Ihren Hund beim Gehen auf einem Bürgersteig daher immer an der Seite, die am weitesten von der Straße entfernt ist, sodass er nicht in den Straßenverkehr läuft.

Blindheit ist eine andere Einschränkung, die den älteren Hund plagt und auch hier kann nicht viel dagegen unternommen werden. Hunde sind im Allgemeinen weniger vom Augenlicht ab-

Dieser taube Springer Spaniel hat gelernt, auf Sicht- anstatt Hörzeichen zu gehorchen.

hängig als der Mensch und passen sich diesen Umständen weitaus besser an, weil sie sich in viel höherem Maße auf ihre anderen Sinne verlassen. Dies schließt den Geruchsinn und sogar ihre Tasthaare ein. Weitere Informationen dazu finden Sie in dem Buch »Blinder Hund – was nun?« aus dem Kynos Verlag.

Diese speziellen Sensoren-Haare versorgen den Hund mit genauen Informationen über seine Umgebung. Es ist sehr wichtig, das Augenlicht Ihres Hundes untersuchen zu lassen, wenn Sie vermuten, dass es nachlässt. Aber da der Verlust des Augenlichts nach und nach eintritt, passen sich Hunde normalerweise sehr gut daran an. Vermeiden Sie plötzliche Veränderungen in der häuslichen Umgebung, zum Beispiel das Umstellen von Möbeln auf eine Weise, die plötzlich Bereiche blockiert, die sonst immer frei von Hindernissen waren. Auf diese Weise arrangiert sich Ihr Hund mit dem Sehverlust. Das Gleiche trifft auf Gegenstände im Garten zu. Passen Sie auf Ihren Hund auf, wenn Sie mit ihm spazieren gehen, sprechen Sie wiederholt mit ihm und streicheln Sie ihn beruhigend, sodass er sich nicht desorientiert und isoliert fühlt. Wenn Sie dies nicht machen, kann es sein, dass er zu bellen beginnt, um Ihren Aufenthaltsort zu ermitteln.

Ein Hund mit einem nachlassenden Augenlicht oder Gehörsinn sollte beim Spazierengehen möglichst weit weg von Straßen gehalten werden.

Zeit zum Abschied

Wenn ein Hund nicht plötzlich und unerwartet stirbt, erreichen irgendwann selbst die fittesten und aktivsten älteren Hunde einen Zeitpunkt, an dem sich ihr Leben dem Ende nähert. Dies kann aufgrund einer sich verschlimmernden Krankheit oder eines traumatischen Erlebnisses sein, beispielweise eine Lähmung der Gliedmaßen. Es ist niemals einfach, die Entscheidung zu treffen, sich von seinem Freund und Gefährten zu trennen, wenn eine solche Zeit kommt. Sie können sich dabei aber immer auf die Unterstützung Ihres Tierarztes verlassen, dessen Erfahrung und Freundlichkeit eine große Hilfe beim Umgang mit dieser Situation ist. Das Wichtigste dabei ist, das Leiden Ihres Hundes nicht zu verlängern, wenn seine Lebensqualität beträchtlich abnimmt.

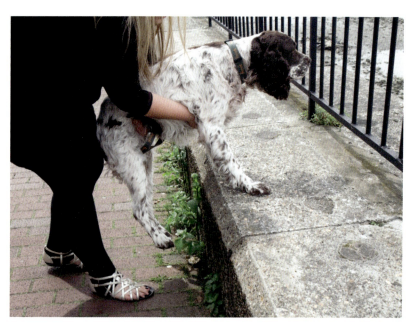

Traurigerweise müssen alle Besitzer ab einem bestimmten Zeitpunkt akzeptieren, dass ihr Hund deutlich alt geworden ist.

Einige Richtlinien

Sie werden instinktiv merken, wann Sie die Entscheidung treffen müssen, Ihren Hund einschläfern zu lassen. Aber es gibt wichtige Fragen, die Sie sich zunächst stellen sollten. Hat Ihr Hund noch immer Interesse am Leben, reagiert er auf seinen Namen, ist er in der Lage, sich ohne große Probleme umherzubewegen?

Hat er offensichtliche Schmerzen? Frisst und trinkt er normal? Ist er inkontinent oder scheint Sie nicht zu erkennen? Selbst, wenn Sie sich in der Lage fühlen, mit dieser Inkontinenz umzugehen, oder mit einem Hund, der Probleme hat, sich umherzubewegen, ist es in Fällen, in denen das geliebte Tier nicht mehr auf die Familie reagiert, weitaus schwieriger. Ihr Hund möchte so lange wie möglich mit Ihnen zusammen bleiben. Es kommt allerdings der Zeitpunkt, an dem es zu viel für ihn ist und das Beste, was Sie dann tun können, ist, ihn gehen zu lassen.

Wenn die Zeit gekommen ist, Lebewohl zu sagen, wird Ihr Tierarzt diese Dinge professionell und freundlich tun und den gesamten Vorgang sowohl für Sie als auch für Ihren Partner wesentlich einfacher gestalten.

Sehen Sie jedoch auch nicht über die Gefühle Ihrer Familie hinweg. Einen Hund zu sehen, der vorher gesund und aktiv war und sich nun in einem verstörten Zustand befindet, kann für Kinder sehr traumatisch sein. Es kann auch Druck auf Beziehungen ausüben. Es besteht des Weiteren das Risiko, dass ein Hund, der sich nicht völlig seiner Umgebung bewusst ist und unter Schmerzen leidet, unerwartet aggressiv wird und dann besonders für Kinder eine Bedrohung darstellt.

Wenn Ihr Hund schon lange krank ist, muss Ihr Tierarzt eventuell eine chirurgische Untersuchung durchführen, denn es gibt nicht sehr viel, was sich mit nichtinvasiven Tests machen lässt. Bei der Operation entdeckt er womöglich ein inoperables Leiden und in dieser Situation ist es im Allgemeinen besser, mit Ihrem Tierarzt die Vereinbarung zu treffen, den Hund gar nicht erst wieder aufwachen zu lassen. Die Euthanasie selber ist kein schmerzhafter Prozess, es beinhaltet lediglich die Injektion einer Überdosis Schlafmittel in die Vene. Ist ein Hund bereits anästhesiert, führt dies einfach zu einem Atemstillstand.

Eine Entscheidung treffen

So wie Sie das Leben eines leidenden Hundes nicht verlängern sollten, sollten Sie sich genauso wenig unter Druck gesetzt fühlen, diese endgültige Entscheidung zu treffen, bevor Sie dazu bereit sind. Versuchen Sie, die verschiedenen Möglichkeiten abzuwägen – wenn Ihr Tierarzt Ihnen jedoch sagt, dass er nichts mehr für Ihren Hund tun kann, ist dies auch unvermeidbar der Fall. Es gibt, wenn man diese traurigen Dinge erfährt, immer die Neigung dazu, eine zweite Meinung einholen zu wollen, aber es gibt für gewöhnlich nichts zu gewinnen – außer, Ihrem geschätzten Partner weitere Unannehmlichkeiten zu bereiten. Das Einholen einer zweiten Meinung ist nur in Fällen nützlich, bei denen eine Krankheit nicht auf eine Behandlung reagiert hat oder nicht richtig diagnostiziert werden kann.

Wenn Sie sich dazu entschließen, Ihren Hund einschläfern zu lassen, werden Sie, genau wie bei einer Operation auch, darum gebeten, eine Einverständniserklärung zu unterschreiben. Dies ist in den meisten Fällen ein üblicher Vorgang. Sie möchten womöglich, dass Ihr Tierarzt zu Ihnen nach Hause kommt, um diese

Aufgabe zu erfüllen und dies wird für Ihren Hund und möglicherweise auch für Sie mit Sicherheit die am wenigsten unangenehmste Situation sein. Die Sprechstundenhilfe kann mit Ihnen jedoch auch einen Termin direkt nach einer Operation vereinbaren, sodass Sie nicht in einem vollen Wartezimmer sitzen müssen.

Ihr Tierarzt kann im Hinblick auf das, was mit Ihrem Hund danach geschehen soll, mit Ihnen die nötigen Vorkehrungen treffen, obwohl Sie dies vielleicht lieber selber organisieren wollen. Es besteht die Möglichkeit, Ihren Hund zu Unternehmen zu bringen, die individuelle Einäscherungen oder Begräbnisse anbieten und die nur zu gut wissen, wie schmerzhaft und traurig solch ein Prozess ist. Falls Ihr Hund eingeäschert wird, können Sie, falls Sie dies möchten, seine Asche erhalten.

Mit der Trauer umgehen

Stellen Sie sich darauf ein, dass Sie sich aufgewühlt fühlen und um Ihren Hund trauern – das ist völlig natürlich. Schließlich war er vielleicht mehr als ein Jahrzehnt lang ein Teil Ihres täglichen Lebens. Demnach befinden Sie sich eine Zeit lang in einem Zustand emotionaler Aufruhr. Zunächst empfinden Sie ein starkes Gefühl des Verlustes und der Einsamkeit. Dies wird durch die Tatsache verstärkt, dass sich Ihr täglicher Ablauf nun drastisch verändert hat. Vielleicht fühlen Sie sich schuldig und glauben, dass Sie mehr für Ihr Tier hätten tun können, um dessen Leben zu verlängern. Dies ist wahrscheinlich grundlos, aber es ist ein sehr starkes Gefühl, durch das sich auch Wut und Abneigung gegenüber Ihrem Tierarzt entwickelt. Sie erinnern sich vielleicht auch an die Behandlung Ihres Hundes und denken, dass mehr hätte getan werden können. Nochmals – dies ist eine ganz natürliche Reaktion, welche von vielen trauernden Haustierbesitzern erlebt wurde.

Weil das Trauma, das der Verlust eines Haustieres mit sich bringt, inzwischen erkannt wurde, bieten viele tierärztliche Praxen nun auch Beratungsstunden an. Es ist in manchen Gebieten auch möglich, telefonisch mit einem Tierverlust-Berater zu sprechen.

Die Zeit heilt tatsächlich Wunden und zu gegebener Zeit werden Sie hoffentlich in der Lage sein, auf das Leben Ihres Hundes zurückzublicken und sich an die guten, gemeinsam verbrachten Zeiten zu erinnern, ohne dabei von Traurigkeit überwältigt zu werden.

Vielleicht möchten Sie nach angemessener Zeit einem anderen Hund ein Zuhause geben, auch wenn Sie anfangs denken, dass kein anderes Tier Ihren verlorenen Freund ersetzen kann. Egal ob Sie einen Welpen oder einen älteren Hund aufnehmen – denken Sie daran, dass er oder sie ein eigenes Individuum und kein Ersatz für Ihren alten Hund ist. Es gibt keine feste Regel, die besagt, wie lange Sie warten sollten, bis Sie sich nach einem anderen Hund umschauen. Manche Menschen empfinden ihr Zuhause ohne die Anwesenheit eines Hundes als unerträglich leer und suchen schon bald einen anderen Hund, wohingegen andere Menschen sich dazu entscheiden, mehrere Monate oder länger zu warten.

Es ist normal, dass Sie wegen des Verlusts Ihres Hundefreundes trauern, aber mit der Zeit erinnern Sie sich hoffentlich an die guten Zeiten, als er noch gesund und agil war.

Die Überlegung zu einem neuen Hund kann sehr schwierig sein, wenn man gerade erst einen geliebten Hundefreund verloren hat. Es ist aber immer wieder überraschend, wie schnell ein neuer Welpe oder ein älterer, bedürftiger Hund unser Herz gewinnen können.

Glossar

Agility
Eine Hundesportart, bei der er durch und über Hürden läuft, um Hindernisse herum und so weiter.

Allergie
Eine Überempfindlichkeit gegenüber bestimmten Substanzen (Allergene genannt), die meist zu einer Reaktion wie Hautausschlag führt.

Analdrüsen
Zwei kleine Beutel oder Säckchen, die sich an der Analöffnung befinden und für das Austreten von Duftstoffen zuständig sind. Hunde empfinden ein Unwohlsein dabei, wenn sich die Drüsen nicht auf natürliche Weise, wie beim Koten, leeren.

Arthritis
Dieser Begriff bezeichnet einige schmerzhafte Zustände der Gelenke und Knochen. Osteoarthritis, die üblichste Form, wenn die Knorpel zwischen den Knochen langsam verschwinden, was die Knochen dazu bringt, im Gelenk aneinander zu reiben. Bei einer rheumaähnlichen Arthritis zerstört das Immunsystem das Gelenk, was Anschwellen und Schmerzen zur Folge hat.

Blutkreislauf
Der Fluss des Blutes innerhalb des Körpers.

Autorampe
Eine oft zusammenklappbare Einrichtung, die es dem Hund ermöglicht, leichter in ein Fahrzeug oder aus einem Fahrzeug zu kommen.

Grauer Star / Katarakt
Eine Trübung, die sich in den Augenlinsen entwickelt. Normalerweise taucht sie als weiße Trübung in einem oder beiden Augen auf und gefährdet zunehmend das Augenlicht.

Cervix
Der Gebärmutterhals.

Kognitives Dysfunktions-Syndrom
Eine Verschlechterung der Hirnfunktion, ähnlich der Alzheimer-Erkrankung beim Menschen, die manchmal bei Hunden auftritt.

Fertigfutter
Eine speziell entwickeltes Futter, welches alle notwendigen Inhaltsstoffe für eine gesunde Ernährung enthält.

Cushing Syndrom
Dieser Zustand wird durch die Nebennierendrüsen des Hundes verursacht, welche das Hormon Kortisol überproduzieren.

Autonomes Nervensystem
Der nicht bewusst gesteuerte Teil des peripheren Nervensystems, welches Funktionen wie die Herzfrequenz, Wärmeregulation, Verdauung und Urinieren kontrolliert.

Zentrales Nervensystem
Der Teil des Nervensystems, welcher aus dem Gehirn und den Hauptnerven, die vom Rückenmark ausgehen, besteht.

Bindegewebe
Eine Form des Gewebes im Körper, welches andere innere Strukturen miteinander verbindet und unterstützt.

Gegenindikation
Ein Zustand, der das Risiko einer Operation oder eine Therapie erhöht.

Stuhlgang
Das Leeren von Ausscheidungen des Darms.

Dilatation / Ausdehnung eines Blutgefäßes
Die Erweiterung eines Blutgefäßes aufgrund der Lockerung der Muskelwand dieses Gefäßes.

Floh
Ein kleines, parasitäres bluttrinkendes Insekt, das im Fell vieler Tiere lebt, dem von Hunden eingeschlossen.

Flyball
Eine Art Staffellauf für Hunde, der das Fangen eines Balls und dann das Laufen über Hürden zurück zum Ausgangspunkt beinhaltet.

Hüftgelenksdysplasie
Eine häufig diagnostizierte Form der Arthritis, bei welchem der Oberschenkelknochen nicht richtig in die Hüftgelenkpfanne passt.

Wassertherapie
Eine Therapie, in der ein Tier, zum Beispiel ein Hund, sich völlig oder teilweise im Wasser befindet, um seine Fitness zu trainieren oder um die Rehabilitation nach einer Verletzung oder Operation zu unterstützen.

Immunsystem
Das natürliche Abwehrsystem des Körpers gegen Fremdkörper.

Entzündung
Die biologische Reaktion des Körpergewebes auf schädliche Anreize, wie zum Beispiel beschädigte Zellen, Reizungen oder Infektionen.

Gelenk
Die Stelle im Körper, bei der zwei Knochen aufeinander treffen und wo normalerweise Bewegung stattfindet. Beispiele für Gelenke sind die Knie, die Ellenbogen und die Hüfte.

Massage
Das Stimulieren des weichen Körpergewebes.

Stoffwechsel
Die vereinten physischen und chemischen Prozesse im Körper.

Milbe
Ein kleines, parasitäres Insekt, das in der Haut vieler Tiere lebt, Hunde eingeschlossen, und Räude verursacht.

Muskel
Spezialisiertes Körpergewebe, das sich zusammen- und auseinanderzieht und deswegen Bewegung erzeugt.

Nukleare Sklerose
Eine harmlose Trübung der Augen, die dem Katarakt / Grauer Star ähnelt.

Palpation / Tastuntersuchung
Eine Untersuchung durch Abtasten, welche durch einen Tierarzt oder einen anderen medizinischen Fachmann durchgeführt wird.

Peripheres Nervensystem
Der Teil des Nervensystems, das die Körpersysteme und Organe anregt.

Physiologisch
Die Funktionen lebendiger Systeme betreffend.

Scheinträchtigkeit
Ein Zustand, bei dem ein weibliches Tier, zum Beispiel eine Hündin, Zeichen einer Schwangerschaft äußert – Verhaltensveränderungen eingeschlossen – ohne tatsächlich schwanger zu sein.

Psychologisch
Dies bezieht sich auf geistige Funktionen, Verhalten und Wahrnehmungen.

Rheuma
Ein nicht-spezifischer Ausdruck, der oft zur Beschreibung medizinischer Zustände genutzt wird, die die Gelenke beeinträchtigen und mit Muskeln oder anderem Gewebe verbunden wird.

Talgdrüsen
Eine Drüse in der Haut, normalerweise mit einem Haarfollikel verbunden, das ein Öl (Hauttalg) ausscheidet, um das Fell geschmeidig zu halten.

Therapie
Die Behandlung eines Leiden oder einer anderen Erkrankung durch eine Form eines heilenden Prozesses.

Skelett
Das unbewegliche Gerüst der Knochen innerhalb des Körpers von Tieren wie Fischen, Reptilien, Vögeln und Säugetieren (Hunde eingeschlossen). Es besteht aus dem Extremitätenskelett (die vorderen und hinteren Gliedmaßen, die Schulter und das Becken) und dem axialen Skelett (der Schädel, das Ohr, die Halsknochen, die Rippen und die Wirbelsäule).

Krampf
Das plötzliche und ungewollte Zusammenziehen eines Muskels oder einer Gruppe von Muskeln.

Zecke
Ein kleines Parasit, welches seinen Kopf in die Haut vieler Tiere bohrt, zum Beispiel von Hunden, und deren Blut trinkt.

Harnwege
Der Teil des Körpers, einschließlich Nieren, der die Menge an Wasser und die chemischen Zusammensetzungen der Körperflüssigkeiten kontrolliert.

Urinieren
Der Vorgang des Ausscheidens von Urin aus der Blase.

Gebärmutter
Die beutelförmige Struktur, in welcher sich der Embryo entwickelt.

Willkürlicher Muskel
Ein Muskel, der sich unter bewusster Kontrolle befindet. Er wird auch Skelettmuskel genannt.

Index

Adenovirose 73
Adrenokortikotropin (ACTH) 92
Agilityübungen 48 f
Akupressur 107
Akupunktur 103
Alter, Definition 4
Alzheimerkrankheit 32
Ammoniak 71
Amputation 84
Analdrüsen 77
Antibiotika 88 f
Antidiuretisches Hormon (ADH) 91
Antioxidantien 71
Appetitverlust 74, 87
Arthritis 26, 37, 47, 94, 103 f
Augen 23, 40
Augenlicht, Verlust des 109
Ausschluss-Diäten 70
Außenohrentzündung 80
Auto 51 ff
Auto-Hundegitter 52

Baden 39
Ballaststoffe 37, 89
Bandscheibe 94
Bandwurm 97, 99
Bewegung 44
Bewegungspensum 46
Blähungen 67, 89
Blasenentzündung 28
Blinder Hund 23, 109
Blutbild 67
Bootsurlaub 59
Bordetella Bronchiseptica 74
Boxer 84, 92
Bulldoggen 100

Cavalier King Charles Spaniel 88
Chondroitin 68, 103
Chronische Interstitielle Nephritis 85
Cushing-Syndrom 28, 92

Dackel 80, 90, 104
Degenerative Myelopathie 94
Denkspiele 50
Desorientierung 33, 108
Deutscher Schäferhund 94
Diabetes 28, 37, 74
Diabetes Insipidus 91
Diabetes Mellitus 74, 90
Diätfutter 62, 65, 67
Dickdarmentzündung 28
Digitalis 88
Dobermann 11, 70
Durchschnittsgewicht 63
Durst 87, 90
Durstversuch 91

Einäscherung 113
Einfachzucker 71
Einschläfern 111 f
Einstiegshilfe 55
Elektroenzephalographie (EEG) 94
Elektrokardiogramm (EKG) 74, 88

Epilepsie 94
Ergrauen 5, 18, 21, 78
Ernährung 27, 37, 62 ff

Fell 18
Fell, Ausdünnen des 92
Fell, Bürsten des 39, 42, 96, 98, 102
Fellbeschaffenheit 19
Fellconditioner 39
Fellpflege 37, 102
Fettleibigkeit 28, 37, 45, 76, 90
Feuerwerk 18, 31
Flohbekämpfung 98 f
Flohbiss-Ekzem 97
Flöhe 11, 39, 95 ff
Futterallergie 70

Gegenkonditionierung 31
Gehirn 32, 91, 94
Gelenke 67 ff
Gelenkprobleme 59, 63
Gelenkschmerzen 101, 103, 106 f
Gelenkserkrankung 104
Geräuschangst 31
Geräusche, laute 18, 31, 36
Geruchsinn 109
Geschwüre 37
Gesundheitscheck 72
Gewichtskontrolle 76 f
Gewichtszunahme, unerwartete 63, 92
Gewitter 18, 31
Gingivitis 79
Glucosamin 68, 103
Grauer Star 23
Greyhound 12

Halitosis 79
Harnprobe 75
Harnstoffgehalt 85
Harnwege 84, 86
Hecheln, übermäßiges 30
Hefepilze 80
Heimtierausweis 58
Herzerkrankungen 87
Herzglykoside 88
Herzklappen 87 f
Herzmuskelerkrankung (Kardiomyopathie) 88
Herzprobleme 100
Herzversagen 37
Hirnanhangdrüse 91
Hitze 15, 87
Hitzschlag 100
Hormone 90
Hormonelle Störungen 90
Hormonstörung 30
Hörvermögen 23, 108
Hotels 59
Hüftgelenksdysplasie (HD) 26, 102, 104
Hund, jüngerer 43
Hundebett 42, 96
Hundemantel 35
Hundepension 60
Hunderampe 54
Hunde-Rollstühle 94
Hundestaupe 11, 93
Hundezahnpasta 42
Husten 74, 87
Hyaluronsäure 103

Immunsystem 28, 63, 73, 96
Impfungen 60, 73
Infusionstherapie 87

Inkontinenz 94, 111
Innenohrsklerose 23
Ins Leere starren 32
Insulin 90 f
Intelligenzspiele 50

Joggen 47

Kältechirurgie 83
Kälteempfindlichkeit 92
Kalziumgehalt 86
Kalzium-Phosphor-Gehalt 84
Kardiomyopathie (Herzmuskelerkrankung) 88
Kastration 9, 15, 84, 87
Katzenklo 36
Ketonkörper 90
Kinder 9, 15, 35, 112
Knorpel 26, 86, 103
Knoten 18, 37,38, 39. 81 f
Kognitives Dysfunktionssystem 30 ff
Kohlebiskuits, medizinische 89
Kopf, drücken gegen Gegenstände 71
Körperfunktionen 27
Körpergewicht, richtiges 27, 63
Kortex 92
Kortikosteroide 92
Kortisongehalt 92
Kot fressen 13
Krämpfe 93
Kreatinin 85

Lähmung 94. 110
Lebenserwartung 5, 28

Leberdiäten 71
Leptospirose 73, 84
Lipome 18
Lungenentzündung 74

Mantel 35, 46, 58, 101
Markieren 9, 75
Massagen 46, 51, 107
Maul, untersuchen 40
Maulhöhenkarzinome 28
Maulinfektion 28
Mehrfachzucker 71
Milben 80, 95, 99
MSM (Methylsulfonylmethan) 69, 103
Mundgeruch 28, 79

Nahrungsergänzungsmittel 67, 103
Nahrungsmittelallergie 70
Nase, Ausfluss 74
Nassfutter 42, 67, 85
Nebennieren 92
Nebennierenrinde 92
Neurologische Probleme 93
Nieren 27, 29, 66, 71, 84 f, 91, 94
Nierendiät 66 f
Nierenerkrankungen 62, 66
Nierenfunktion 28, 74, 85
Nierenprobleme 36, 46
Nierenversagen 28, 67, 79, 85 f, 89
Nikotinsäure 86

Ohren 18, 39 f
Ohrenprobleme 80, 99

Ohrenschmalz 23, 80
Ohrinfektion, chronische 23, 80
Ohrmilben 80, 99
Ohrresektion 81
Old Dog Encephalitis (ODE) 94
Osteodystrophie 86

Papillome 18
Paraffin 67, 89
Parasiten 11, 95 ff
Parvovirose 73
Phosphorgehalt 67, 86
Physiotherapie 104
Pyometra 28 f, 87

Reiki 107
Reiseausstattung 53
Reisebox 53
Reisen 51, 55, 58
Rindfleisch 70
Röntgenaufnahme 87
Rottweiler 11

Scheinträchtigkeit 15
Schilddrüsen 91
Schilddrüsenunterfunktion 92
Schlafplatz 14
Schlafunterlage 42
Schlappohren 80
Schmerzen 26, 29, 35 ff, 67 ff, 86, 101, 103, 106, 111
Schwimmen 48, 104, 106
Scottish Terrier 90
Sehfähigkeit 23
Selegilin 32
Seniorfutter 65

Skelettsystem 86
Speichelfluss 71
Spiele 32, 45, 48. 50
Spielsachen, Verteidigung von 15
Staupe 11, 73. 93
Steifheit 18, 26, 35, 37
Strahlentherapie 83
Stress 29 ff
Stubenreinheit 9, 28
Stubenunreinheit, plötzliche 33

Tagesablauf 35
Taubheit 23
Tierheimhunde 8, 13
Tierpension 60 f, 74
Tracheobronchitis 74
Trauer 113
Trennungsangst 13, 24 f, 29 f
Treppen 26, 57
Trinknapf 46, 54f
Trockenfutter 42, 67
Trombicula-Milben 99
Tumor der Hirnanhangdrüse 92 f
Tumore 18, 39, 82 ff, 89, 92 ff

Urinieren, Schmerzen beim 86
Urinmarken 47
Urinprobe 75, 86
Urintest 74, 85, 91
Urlaub 57 ff, 74

Verdauungsprobleme 70, 89
Verdickungen 81
Verfilzungen 39, 79
Verhaltensänderungen 6, 16, 25, 29
Vitamin E 62

Warzen 18, 81
Wasseraufnahme 36, 85 f
Wasserbedarf 28
Wasserharnruhr 91
Wassertherapie 48, 77, 104
Weizen 70
Weizenkleie 67, 89
Wiegen des Hundes 63

Zahnfleisch 40, 78 f
Zahnfleischerkrankung 28, 42
Zahnpflege 42, 78
Zahnstein 40, 78 f
Zahnsteinablagerungen 28, 78 f
Zecken 39, 94, 99
Zerstörungswut 13
Zittern 33, 71
Zuckerkrankheit 90 f
Zuckerstoffwechsel 90
Zwingerhusten 60, 74
Zysten 37, 82
Zystitis 86

Grau Tiernahrung informiert:
– Werbeanzeige –

Etwa ab dem 6. Lebensjahr benötigen die meisten Hunde eine angepasste Versorgung des Bewegungsapparates mit ausgewählten Nahrungsbausteinen. Im Laufe des Lebens nutzen sich durch viel Bewegung wie lange Spaziergänge, Treppensteigen, Agility oder anderen Hundesport die Gelenkflächen ab. Parallel dazu verlangsamt sich der Stoffwechsel eines älteren Hundes deutlich, so dass die Gewebe schlechter versorgt werden und der Abtransport abgestorbener Zellen nur zögerlich vonstatten geht. Eine gute Figur, nahe am Ideal-Gewicht, moderates Training durch regelmäßige Bewegung und gelenkspezifische Nährstoffe sind die beste Voraussetzung, dass Sehnen, Bänder, Gelenke und Muskelkorsett in Top-Kondition sind.

Trink-Gelatine mit Biotin

Gelatine ist, wie Studien aus der Humanmedizin belegen, eine hervorragende Nahrungsergänzung, die Gelenkschmiere ersetzen kann. Das hochgereinigte, geschmacksneutrale Gelatine-Pulver kann im Trinkwasser aufgelöst oder über die Nahrung gestreut werden. Bereits eine geringe Tagesdosis bringt innerhalb von ca. 3 bis 4 Wochen eine spürbare Erleichterung im Bewegungsablauf des Hundes. Trink-Gelatine lindert bestehende Probleme, unterstützt jedoch auch den älter werdenden Organismus. Kurmässig 1 bis 2 x jährlich gegeben beugt es alterstypischen Beschwerden wie Versteifung der Gelenke und schmerzhaftem Bewegungsablauf vor.

Glycofit

Glycofit ist die beste Wahl, wenn man Glykosaminoglykane zufüttern möchte. Die GAG stammen aus der grünlippigen neuseeländischen Muschel „Perna Canaliculus", deren Extrakt hier die Wirkstoffgrundlage liefert. Bereits nach etwa 3 Wochen bemerkt man, dass der Hund sich wieder besser bewegen kann und die Beschwerden gemindert werden. Glykosaminoglykane (im beigemengten Muschelpulver enthalten) machen diese Zusatznahrung besonders wertvoll und wirksam.

HOKAMIX[30] Gelenk+

Diese Heilkräutermischung ist die Weiterentwicklung von HOKAMIX[30]. Durch die Zugabe gelenkspezifischer Wirkstoffe potenzieren sich die Eigenschaften der ursprünglichen Mischung. Das macht dieses Produkt deshalb für viele Tiere zu <u>DER</u> Lösung bei Schmerzen oder Verschleißerscheinungen im Bewegungsapparat.

HOKAMIX[30] Gelenk+

- unterstützt die Bildung von Gelenkflüssigkeit
- mobilisiert die Gelenke
- stabilisiert den Bewegungsapparat
- fügt gelenkspezifische Bausteine und Nährstoffe zu
- verstärkt die Gelenkkapsel

grau Tiernahrung GmbH
Industriestraße 27
46419 Isselburg
Tel. 02874 90360
eMail: info@grau-gmbh.de
www.grau-tiernahrung.de